行政 LMS

行政リーガル・マネジメントシリーズ Ⅳ

公営企業

◆ 自治体経営管理実務 ◆

友岡 史仁 編著

信 山 社

は し が き

　本書は、行政 LMS（リーガル・マネジメントシリーズ）4 冊目として、公営企業制度を扱う。

　公営企業は、自治体が独立採算制によって経営する企業ではあるが、提供するサービスが公的性格を持つ点で、民間企業のように営利を目的とした経営とは異なる特殊な環境に置かれているのが実態である。総務省の統計によれば、黒字経営が主とはされつつ、赤字体質にある公営企業（地方公営企業法適用対象企業）の割合が例年おおむね 2 割ほど占めている（総務省編『令和 4 年版（令和 2 年度決算）地方財政白書』第 27 表参照）。そこで、赤字体質の克服のため、経営合理化を目指し、広域化や、民営化（事業譲渡）の促進が国のイニシアティブの下で企図されてきた。

　このような現況において、本シリーズの企画を立ち上げる以前、公営企業担当局への人事異動を受けたばかりの某県職員の方から、公営企業制度や課題を理解するための概説本があるとありがたいという指摘をいただくことがあった。これは、編者にとって、まさに現場感覚の貴重な読者ニーズの発見であったが、時あたかも、編者自身が水道事業の民営化問題を 1 つの研究課題とした経験（『経済行政法の実践的研究』〔信山社、2022 年〕78 頁以下所収）もあり、各自治体の中で慣習的に理解されてきた公営企業制度の具体的課題をできるだけ一般化し、関連各所における理解を深められる企画を行政 LMS の中に取り込むべく模索していたところでもあった。

　以上の経緯を受け、本書では、公営企業をテーマとする類書にみられるような、ビジネスとして改善策を提言したり制度の仕組みを逐次的に概説するアプローチは避け、本シリーズのコンセプトである読者の"痒い所に手が届くこと"を念頭に、**法制度に裏打ちされた公営企業の現代的な課題をできるだけ絞り**、取り上げることにした。したがって、本書は、取り上げる事業は網羅的でないものの、想定される読者の方々（主に都道府県・市町村を中心とした担当課職員または今後就任が予定される方々や関連業務に興味のある方々など）が、**実務上会**

はしがき

得しておくべき基礎的知識を一目で把握でき、今後各自治体において期待されるであろう時宜に応じた制度改革等にも生かしていただける情報源となることを、目指すようにした。

　このため、まずは常日頃、公営企業に関心を持って研究・実務に取り組んでこられた、行政法、財政法および経済法の専門フィールドにおいてご活躍されている研究者の方々に、執筆をお願いすることにした。また、主要な関連分野において専門知識をお持ちの実務担当者として、東京都で担当業務に日常従事されている方々を中心にお願いし、個別的な課題に力点を置き詳述する内容となるよう心掛けている。本書では特に東京都の実態を踏まえた記述になっているのはそのような理由であるが、これを諸種課題の解決のためのヒントとして他の自治体においてどのような違いがあるかなどを踏まえたうえで、しかるべき修正ないし調整を施しつつ業務遂行に携わる際の参考事例として活用していただける機会になるものと考える。

　執筆者の方々には、本書企画の趣旨にご賛同いただき、ご多忙な中、快くお引き受けいただけたことに厚く御礼申し上げたい。特に、本書の公刊に先立ち、シリーズ1冊目の『情報公開・個人情報保護法』においてご執筆賜った中島美砂子先生（中島法律事務所弁護士・公認会計士）には、本企画の立上げ段階からたびたびご相談を申し上げることができた。先生の多大なるお力添えがなければ、本企画は実現できなかったと確信している。この場を借りて感謝申し上げたい。

　なお、執筆陣容を固めるうえで、東京都の内山裕道氏（前総務局都政情報担当部長）および小澤賢治氏（水道局経営改革推進担当部長）には、本企画趣旨へのご理解を頂き庁内のエクスパートの方々にお声掛けいただけたことも、本企画実現の大きな原動力となった。お2人の寛大なご尽力にも厚く御礼申し上げる次第である。

　さいごに、本書公刊にあたり、これまでと同様、行政LMSをサポートくださる信山社編集部の稲葉文子氏に改めて厚く感謝申し上げたい。

2023年5月
友岡　史仁

目　次

はしがき　(iii)

序章①　**公営企業制度と経営管理** ················· 3

　1　公営企業の意義（概説） ···················· 3

　2　公営企業の存在形式（法源） ················ 3

　3　経営管理の特徴 ·························· 5

　4　経営管理と民営化 ······················ 7

序章②　**公営企業の性格とその地方公共団体との関係** ··········· 8

　1　公営企業の性格 ·························· 8

　2　公営企業と地方公共団体の関係 ·············· 10

第1部　公営企業に関する経営責任

第1章　**公営企業の経営組織** ····················· 15

　1　経営の基本原則と公営企業の組織 ············ 15

　2　管 理 者 ······························ 15

　3　事務処理のための組織（補助組織） ·········· 18

　4　公営企業の多様な経営形態と公営企業の経営組織 ·········· 19

第2章　**経営責任をめぐる具体的制度①──地方公営企業法** ····· 21

　1　地方公営企業法の概要 ···················· 21

　2　管理者とその責任 ······················ 23

　3　財 務 会 計 ·························· 25

　4　料　　金 ···························· 27

第3章　**経営責任をめぐる具体的制度②──財政健全化法** ········ 28

　1　はじめに──財政健全化法制定の経緯 ·········· 28

　2　財政健全化法の概要 ···················· 29

　　　3　公営企業の経営の健全化 ……………………………………………… 32

第4章　**公営企業と住民監査請求・住民訴訟** …………… 35

　　　1　住民監査請求・住民訴訟についての概説 ………………………… 35

　　　2　住民訴訟制度による公営企業の経営責任の追及の意義と諸相 38

第5章　**経営責任と損害賠償** ………………………………………… 42

　　　1　は じ め に ………………………………………………………… 42

　　　2　公営企業職員の賠償責任 …………………………………………… 42

　　　3　公務員賠償責任保険制度 …………………………………………… 46

第6章　**独占禁止法の適用①──適用に関する課題** ……… 47

　　　1　独占禁止法の目的（概説）………………………………………… 47

　　　2　地方公営企業に対する独占禁止法の適用 ………………………… 48

　　　3　公営企業に対して独占禁止法を適用する事例 ………………… 50

　　　4　小　　　括 ………………………………………………………… 52

第7章　**独占禁止法の適用②──入札関係等に関する課題** ………… 53

　　　1　公共調達制度の概要 ………………………………………………… 53

　　　2　談合と独占禁止法 …………………………………………………… 54

　　　3　官製談合の問題 ……………………………………………………… 55

　　　4　公共調達制度の果たすべき役割と課題 ………………………… 57

第2部　公営企業の収入・会計実務

第8章　**収入・会計実務の特徴の特徴（概要）** ……………… 59

　　　1　公営企業経営に関する課題 ………………………………………… 59

　　　2　公営企業における収入 ……………………………………………… 59

　　　3　公営企業会計における収支の整理 ……………………………… 60

　　　4　公営企業会計を適用する効果 …………………………………… 61

第9章　**公営企業会計の原則** ………………………………………… 62

　　　1　原則的ルール ………………………………………………………… 62

　　2　例外的ルール …………………………………………………… 72

第10章　企業会計方式の課題①──官公庁会計との違い ………… 76

　　1　単式簿記と複式簿記、現金主義と発生主義 ………………… 76
　　2　損益取引と資本取引、資産、負債、資本の概念 ………… 77
　　3　民間企業との相違 …………………………………………… 77

第11章　企業会計方式の課題②──書面作成 ……………………… 79

　　1　決算書類の種類と特徴 ……………………………………… 79
　　2　決算の承認 …………………………………………………… 80

第12章　公営企業の資産管理 …………………………………………… 81

　　1　アセットマネジメントの必要性 ………………………… 81
　　2　アセットマネジメントの定義 …………………………… 82
　　3　アセットマネジメントの効果 …………………………… 82
　　4　東京都水道局における課題および活用事例等 ………… 85

第13章　予算に関する問題 …………………………………………… 89

　　1　公営企業会計予算の特徴 ………………………………… 89
　　2　弾力条項について ………………………………………… 90
　　3　予算と議会 ………………………………………………… 91

第3部　公営企業の人事・個別責任実務

第14章　人事実務の特徴と企業職員の権利 ……………………… 93

　　1　管理者の法的地位 ………………………………………… 93
　　2　公営企業職員の法的地位と法律の適用関係 …………… 94
　　3　課　題 ……………………………………………………… 97

第15章　職員の個別的責任とその範囲 ……………………………… 99

　　1　賠償責任の法的根拠 ……………………………………… 99
　　2　裁判例の概観 ……………………………………………… 100

第4部　主要分野別の制度と課題

第16章　上水道事業 ……………………………………… 105
  1　水道事業の現状 ………………………………… 105
  2　基盤強化に向けた取組み ……………………… 105
  3　官民連携の取り組み事例 ……………………… 108

第17章　下水道事業 ……………………………………… 110
  1　下水道事業の特徴 ……………………………… 110
  2　下水道事業の経営課題 ………………………… 112

第18章　交　通　事　業 ……………………………… 114
  1　道路運送法の適用と規制緩和 ………………… 114
  2　赤字バス路線の維持等 ………………………… 115
  3　公営交通事業者としての役割 ………………… 118

第19章　電気・ガス事業 ……………………………… 120
  1　公営電気・ガス事業の位置づけ ……………… 120
  2　両事業共通の課題 ……………………………… 120
  3　公営電気事業における課題 …………………… 121
  4　公営ガス事業における課題 …………………… 122

第20章　港湾整備・宅地造成 ………………………… 124
  1　港湾事業会計 …………………………………… 124
  2　臨海地域開発事業会計 ………………………… 125

事　項　索　引　（127）

凡　例

【判例集】

行集	行政事件裁判例集
裁判所 HP	裁判所ホームページ
判時	判例時報
判自	判例地方自治
判タ	判例タイムズ
民集	最高裁判所民事判例集
LEX/DB 文献番号	TKC 法律情報データベース LEX/DB 文献番号
労判	労働判例

【裁判所略語】

最判(決)	最高裁判所判決（決定）
○○高判(決)	○○高等裁判所判決（決定）
○○地判(決)	○○地方裁判所判決（決定）
○○地△△支判(決)	○○地方裁判所△△支部判決（決定）

【判例引用例】

最判令和 4・7・19 民集 76 巻 5 号 1235 頁

→　令和 4 年 7 月 19 日最高裁判所判決
最高裁判所民事判例集 76 巻 5 号 1235 頁

【法令名通称】

財政健全化法	地方公共団体の財政の健全化に関する法律
独占禁止法	私的独占の禁止及び公正取引の確保に関する法律
PFI 法	民間資金等の活用による公共施設等の整備等の促進に関する法律

【文献略称】

細谷・図解地公企法	細谷芳郎『図解地方公営企業法〔第 3 版〕』（第一法規、2018 年）

行政 LMS Ⅳ

公営企業

◆ 自治体経営管理実務 ◆

序章① 公営企業制度と経営管理

公営企業は公の利益（福祉）のために地方公共団体が主体となって経営される企業（地方公営企業）であるが、民間企業（株式会社）とは異なる様々な特質を持つ。ここでは、そのような特質に着目して公営企業制度全般を概説するとともに、経営管理の面での基本的ポイントを示す。

1 公営企業の意義（概説）

公営企業は、公の利益（福祉）のために経営されている企業である。「公営企業」という用語は、地方財政法において「交通事業、ガス事業、水道事業その他地方公共団体の行う企業（以下「公営企業」という。）」という規定（5条1号）に見られるが、要は、経営主体が自治体であって、市民サービスの提供を主たる事業とする企業ということになる。したがって、地方公営企業法においては、地方公共団体（自治体）が経営する企業を「地方公営企業」と称しており、「公営企業」と「地方公営企業」は同義と解するのが一般的である*。

公営企業が担う事業には、交通、ガス、水道（上下、簡易、工業用）のほか、病院、港湾、市場、と畜場など様々なものがある。地方公営企業法の適用対象となる事業では同法における諸種の経営原則の適用を受けることになるが、これら諸種事業を規律するために上記以外の諸法（「○○事業法」と呼ばれる）も存在する（公営企業の存在形式について→2）。

*国が公の利益のために経営する企業はかつて「国営企業」と称されたが、法律用語ではなかった。

2 公営企業の存在形式（法源）

(1) 地方公営企業法

地方公営企業は、地方公営企業法によって規律される。同法は適用対象とされる事業が列挙されているため（2条1項各号）、これらの事業の範囲内において、同法の規定が適用される。表にも掲げられるように、大きく分けると、①地方公営企業法が適用される事業（同法の財務規定が適用される病院事業を含めて当然適用事業。通称「法適用事業」と呼ばれる）と②そうではない事業（任意適用事業。通称「非法適用事業」と呼ばれる）の二つに

表1　地方公営企業法の適用関係

地方公営企業法	適用関係 （位置づけ）	適用事業
2条1項	当然適用事業	水道事業（簡易水道事業を除く）、工業用水道事業、軌道事業、自動車運送事業、鉄道事業、電気事業、ガス事業
2条2項	当然適用事業 （財務規定等適用事業）	病院事業
2条3項	任意適用事業	その他の事業＊

＊地方財政法6条に規定する特別会計設置義務のある公営企業として交通（船舶）、簡易水道、港湾整備、市場、と畜場、観光施設、宅地造成、公共下水道のほか、それ以外にも、その他の下水道、介護サービス、駐車場整備、有料道路、有線放送等があるとされる。総務省自治財政局公営企業課「地方公営企業法の概要及び経営改革の推進に係るこれまでの取組」（2019年）5頁（総務省HP：https://www.soumu.go.jp/main_content/000615868.pdf）参照。

分かれる。**両者の違いは、地方公営企業法にある財務規定等に服するか否かという点にある**（詳細は 第2章 参照）。

(2)　各種事業法

　地方公営企業法に掲げられた各種事業は、別途管轄する法律（上に指摘した事業法）の規定の適用も受けることになるため、そちらとの相関関係も問題となることがある点に注意が必要である。

　すなわち、地方公営企業が対象とされる各種事業は、それぞれにおいて個別法（事業法）が存在するというわけである（**下表参照**）。

表2　公営企業対象事業と関連事業法の関係（概要）

公営企業法対象の事業（当然適用事業）	関連事業法
水道事業（簡易水道事業を除く。）	水道法
工業用水道事業	工業用水道事業法
軌道事業	軌道法
自動車運送事業	道路運送法
鉄道事業	鉄道事業法
電気事業	電気事業法
ガス事業	ガス事業法

　地方公営企業が個別事業法との関係で問題となるのは、例えば、地方公営企業法上の料金設定基準（21条）が個別事業法上認可の対象とされている場合に、いずれが根拠となるかが問題となりうる。このように、自治体

が経営主体となる地方公営企業が国の行政機関による規制対象ともなりうることが想定されるため、両者の関係性が問題となることが考えられる（詳細は 第2章 参照）。この点、競合例として、例えば違法な支出の事例が見られる。これに関して、公営ガス会社がガス料金を特定顧客に対し値引きしていたことがずさんな経営実態を放置したとして自治体の長の責任が争点とされた住民訴訟（→ 3 ⑷）事例がある（最判昭和 60・7・16 判時 1174 号 58 頁［大津ガス事件］）。

　⑶　地方公共団体の財政の健全化に関する法律（財政健全化法）

　地方公営企業が対象とする事業は、営利を追求する民間企業が対象とする事業に比して、経営面において課題が多い。そこで、財政健全化法第 4 章に「公営企業の経営の健全化」と題し、自治体の長に対する資金不足比率の公表等の義務（22 条）や自治体に対する経営健全化計画の策定義務（23 条）に関する規定を置いている（詳細は 第3章 参照）。

　⑷　地方自治法

　公営企業は元々地方自治法の規律対象とされてきた経緯から、その経営に関しては、地方公営企業法が地方自治法の特例法であるという位置づけをとっている（6 条）。このため、**地方公営企業法に定める規定にない契約に関連する部分などは、地方自治法の規定が適用される**ことになる。例えば、地方自治法が売買、貸借、請負等の契約において一般競争入札等の形式がとられる旨規定される点（234 条 1 項）は、公営企業においても同様である（ただし、契約に際し議会の議決は要しない。地方公営企業法 40 条）。

　⑸　各自治体条例

　地方公営企業法が各自治体に対して同法の適用対象となる事業を任意に決する場合、条例制定を求める場合がある（2 条 3 項）。

3　経営管理の特徴

　⑴　独立採算制

> **地方公営企業法 3 条**
> 地方公営企業は、常に企業の経済性を発揮するとともに、その本来の目的である公共の福祉を増進するように運営されなければならない。

　地方公営企業の経営は、①企業の経済性の発揮と②公共の福祉の増進と

いう二つの目的が規定されている（3条）。このうち、「企業の経済性の発揮」は、本来企業の性格から営利を追求するという意味で「経済性」を兼ね備えるため、具体的には**経営に要する費用（コスト）は収入（料金）をもって充てること**を意味する。これが**独立採算制**と称される経営原則である。ただし、地方公営企業法は自治体の一般会計等からの補助金等による繰出しを例外的に認める規定を置いているため（17条の2）、その範囲が問題となることがある（詳細は 第2章 ）。

(2) 管理者の在り方

民間企業（株式会社を例にとる）の責任者は取締役であり、会社法において、株主総会決議により選任されるが（329条1項）、これは会社と取締役が委任関係にあると構成される（330条）。株式会社は株主所有にあるため、会社経営は株主から選任されその信任に基づいて経営の責任者となることから、このような制度設計がなされる。

これに対し、公営企業（地方公営企業）の経営は自治体との関係性において成立するものである。このため、企業の管理者は自治体の長が任命するものとされることのほか（7条の2第1項）、管理者の衆参議員・地方議会議員などの兼職禁止（同条3項）といったように、**企業経営に対する政治的関与の可能性をできるだけ排除すること**が求められている。

(3) 経営会計の在り方

> **地方公営企業法20条1項**
> 地方公営企業においては、その経営成績を明らかにするため、すべての費用及び収益を、その発生の事実に基いて計上し、かつ、その発生した年度に正しく割り当てなければならない。

株式会社は企業会計制度を採用し、貸借対照表・損益計算書、キャッシュフロー計算書等の財務諸表*の策定が求められるが、公営企業については株式会社に対し求められる財務諸表（例、株主資本等変動計算書）が除かれ、さらに官公庁会計（現金主義、単式簿記）と異なる**公営企業会計（発生主義、複式簿記）**が適用される（地方公営企業法20条）。ただし、地方公営企業法は任意適用事業（「非法適用事業」→2(1)）の存在を認めているため、これらの公営企業についても財務諸表の策定を求めることが課題とされる。また、財務諸表の作成支援など、依然として官公庁会計による経営管理から

＊会社法435条2項にいう「計算書類」が該当する。

の転換についても、具体的な課題がある（詳細は 第10章 等参照）。

⑷ 経営責任の取り方

　民間企業（株式会社）が株主代表訴訟などを通じて経営責任が追及されるのに対し、公営企業の場合は自治体との関係でとらえられることから（→⑵）、責任の取り方は特殊である。

　例えば、経営責任を問うため、自治体の長が企業責任者を解任することが考えられる。このほか、経営責任者外からの責任追及の在り方として、公営企業に対する自治体からの違法な支出等を**住民訴訟によって住民が追及すること**が考えられる（地方自治法242条の2）。また、住民からは、住民訴訟以外にも損害賠償請求の形で経営責任の追及を受ける可能性がある（ 第4章 ・ 第5章 ）。

4　経営管理と民営化

　公の利益（福祉）のためにという前提での企業経営については、民間企業に業務委託してこれを行わせることも考えられる。また、民間企業への施設（事業）等の譲渡を含め完全に経営権を移譲したり、施設（事業）管理権を維持しつつも独占的な経営権を民間企業に譲渡する（例、コンセッション方式）など、民営化方式には複数の選択肢が存在する。

　しかし、サービス提供に関する施設（事業）などを民間企業に保有させると高コストになり、効率的な企業経営とは裏腹に市民生活にとって弊害が生ずる場合には、民営化ではなく地方公共団体が事業を行うことが期待される。このため、当該公営企業は、株式会社とは異なり、一定の規制を受けることは不可欠といえる。

（友岡史仁）

序章② 公営企業の性格と その地方公共団体との関係

本章においては、まず、公営企業が民間企業とどのように異なるのかについて概説する。次に、地方公共団体が公営企業を経営することの必要性とそれに関連する特性について法的観点から述べる。また、法適用企業と法非適用企業の違いに触れることにより地方公営企業法をめぐる現在の課題を示す。

1 公営企業の性格

(1) 経済性と公共性

地方財政法5条1項1号
地方公共団体の歳出は、地方債以外の歳入をもって、その財源としなければならない。ただし、次に掲げる場合においては、地方債をもってその財源とすることができる。
一 交通事業、ガス事業、水道事業その他地方公共団体の行う企業（以下「公営企業」という。）に要する経費の財源とする場合
地方公営企業法3条
地方公営企業は、常に企業の経済性を発揮するとともに、その本来の目的である公共の福祉を増進するように運営されなければならない。

＊水道事業、工業用水道事業、交通事業、電気事業、ガス事業、簡易水道事業、港湾整備事業、病院事業、市場事業、と畜事業、観光施設事業、宅地造成事業および公共下水道事業である。

　公営企業とは、「交通事業、ガス事業、水道事業その他地方公共団体の行う企業」（地方財政法5条1項1号）、または、「地方公共団体が住民の福祉の増進を目的として直接経営する企業」（細谷・図解地公企法7頁）である（地方財政法施行令46条各号においては、公営企業として典型13事業＊が掲げられている。以下では、前掲書の用語方にならい、地方公営企業法が適用される企業を「地方公営企業」といい、それ以外のものを含む場合には「公営企業」という）。

　地方公営企業の経営原則は、次の2つである（地方公営企業法3条）。1つは、「経済性」であり、地方公営企業の活動には、企業としての経済性の発揮が求められる。その経済性を発揮するための手段が、独立採算制の原則（地方財政法6条、地方公営企業法17条の2第2項）と公営企業会計の

適用（地方公営企業法20条）である（詳細は 第9章 参照）。もう1つは、「公共性」であり、地方公営企業の活動には、住民の福祉の増進が求められる。その公共性を確保するために、地方公営企業については地方公共団体が特別会計（地方公営企業法17条）を設置することにより直接経営する。

⑵ 公営企業と民間企業の共通点および相違点

> **地方自治法2条14項**
> 地方公共団体は、その事務を処理するに当っては、住民の福祉の増進に努めるとともに、最少の経費で最大の効果を挙げるようにしなければならない。

　地方公営企業においては、とりわけ「経済性」が要請される（地方自治法2条14項が定める「最少経費最大効果原則」も参照）。公営企業がどのような点において民間企業と共通し、また、どのような点において民間企業と相違するか（公営企業会計と民間企業会計の共通点および相違点については 第9章 参照）。

　民間企業は、初期投資の後、さまざまな取引を継続的かつ反復的に行う（「ゴーイング・コンサーン」）。また、費用をかけて財・サービスを消費者に提供し、その対価として収益を得る。公営企業も企業であるため、民間企業と同様に、費用をかけて財・サービスを住民に提供し、その対価として住民から料金を収受する。租税の形で公営企業の事業から利益を享受しない者からもその費用を徴収することは公平とはいえないため、地方公共団体の一般会計から切り離して特別会計を設置し、租税財源に頼らない独立採算制をとるのが原則である。

　他方で、民間企業の最終的な目的は（特に株式会社の場合）、経営を通じて利潤を獲得し、それを株主に配分することである。これに対して、地方公営企業は、経済性とともに、住民の福祉の増進という公共目的を有する。したがって、その経営から利潤が発生しても、それを住民に配当することはなく、その利潤はよりよいサービスの提供に向けた投資や利用者への還元等に向けられる。

　なお、地方公共団体は、一般的行政活動と公営企業のほか、収益事業（競馬、競輪、競艇、オートレース）を行っているところ、地方公営企業については住民の福祉の増進が目的であるのに対して、収益事業については財政資金の確保が目的であり、両者はその性格の点において大きく異なる。

2　公営企業と地方公共団体の関係

⑴　地方公共団体が公営企業を経営することの必要性

> **地方公営企業法7条**
> 地方公営企業を経営する地方公共団体に、地方公営企業の業務を執行させる
> ため、第二条第一項の事業ごとに管理者を置く。ただし、条例で定めるとこ
> ろにより、政令で定める地方公営企業について管理者を置かず、又は二以上
> の事業を通じて管理者一人を置くことができる。（以下、略）
> **地方自治法1条の2第1項**
> 地方公共団体は、住民の福祉の増進を図ることを基本として、地域における
> 行政を自主的かつ総合的に実施する役割を広く担うものとする。

　公営企業については、地方公共団体が経営するものであり、地方公共団
体とは別の法人格が経営するものではない。この点において、公営企業は、
地方独立行政法人、第三セクターおよび地方三公社と区別される。したがっ
て、地方公営企業は、租税によってその財源が賄われる一般的行政活動（一
般会計）との関係において、料金収入によって財源を賄う独立採算制をと
るための会計上の区分経理（特別会計の設置）の仕組みにすぎないという
見方も可能である。しかし、法の全部が適用される法適用企業である地方
公営企業については、地方公共団体の長との関係できわめて高度な独立性
を有する管理者（地方公営企業法7条。ただし、一定の場合には管理者を置か
なくてもよい。同条ただし書および同法8条2項ならびに同法施行令8条の2）
が、日常の業務執行を行い、与えられた権限の範囲内で地方公共団体を代
表する。管理者の行った法律行為の効果は地方公共団体に帰属する。

　それでは、なぜ、公営企業は地方公共団体によって経営されているのか。
それについて確たる理由は見出せないものの（なぜなら、公営企業が行って
いる事業の中には、病院、ガス、電気、自動車運送、軌道事業などのように、
実際には民間企業が市場の大部分を占めている事業があるからであり、現在の
公営企業のすべてが地方公共団体によって経営される必然性はないからである）、
地方公営企業が、地方公共団体と同様に、住民の福祉の増進に寄与する事
業を行っているためと考えられる（地方公営企業について地方公営企業法3条、
地方公共団体について地方自治法1条の2第1項）。また、地方公共団体が経
営することによって、一般財源からの補塡が容易になり（企業債の発行に

10

おいても地方公共団体の信用力により有利になる）、公共性の確保（住民の福祉の増進）に資するということも挙げられる。さらに、もし、公営企業が経営危機に陥った場合には、公営企業の設置者である地方公共団体が責任を負うことになる。

　他方で、地方公営企業には経済性も求められており、その手段として、独立採算制の原則（地方財政法6条、地方公営企業法17条の2第2項）および特別会計の設置という区分経理の原則（法17）がとられている。公営企業の持つこの2つの性格―経済性と公共性―が常に理解される必要がある。

　⑵　**公営企業が地方公共団体によって経営されることに関連する特性**

　公営企業が地方公共団体によって経営される点を重視するなら、公営企業について以下の3つの特性が導かれる。

　第1に、公営企業は地方公共団体の事務の一部を担っていることから、適用除外の規定がない限り、公営企業についても、地方自治法（例えば、同法225条の規定による使用料の徴収など）、地方財政法および地方公務員法が適用される。もっとも、地方公営企業法の適用を受ける地方公営企業は、独立採算制の原則の下、管理者による自律的な経営がなされることから、地方公営企業について、一般的行政活動を担う地方公共団体と同様の規律に服さしめることは、効率的な事業運営が損なわれるなど、適切ではない場合がある。そこで、地方公営企業法が包括的なルールを定めている。一般法である、地方自治法、地方財政法および地方公務員法に対して、地方公営企業法および地方公営企業等の労働関係に関する法律（以下、「地方公営企業労働関係法」という）は特別法の関係にある。なお、公営企業については、それらに加えて、各事業に関する法律（水道法、工業用水道法、軌道法、道路運送法など）も民間企業と同様に適用される。

　第2に、地方公営企業法は、地方公営企業の経営にあたって、さまざまな事項の決定を条例の制定や議会の議決によることとしている。なかでも、同法の適用が任意とされている事業について、同法の適用を決定し、公営企業会計を適用する際には、条例の制定が必要とされる点は重要である。また、同法の適用により公営企業会計が適用される場合には、例えば、利益剰余金の処分や資本剰余金の処分などは条例の制定または議会の議決による（地方公営企業法32条2項・3項）。さらに、地方公営企業の予算については、その管理者が原案を作成するところ、地方公共団体の長が調整し

て、議会に提出し、議会が審査する（地方公営企業と地方議会の関係については **第9章** 参照）。

　第3に、地方公営企業に置かれる管理者については、地方公共団体の長が任命するところ（地方公営企業法7条の2第1項）、長は、地方公営企業の代表者である管理者に対して、法で定める場合に限って当該地方公営企業の業務の執行に関し必要な指示をすることができる（同法16条）。また、長は、管理者が心身の故障のため職務の遂行に堪えないと認める場合または管理者の業務の執行が適当でないため経営の状況が悪化したと認める場合その他管理者がその職に必要な適格性を欠くと認める場合には、これを罷免することができる（同法7条の2第2項）。なお、管理者の任命・罷免および管理者に対する指示権の行使にあたって議会が関与しない点は、管理者による自律的な経営と政治的中立性を確保するためである。

　(3)　法適用企業と法非適用企業の相違

> **地方公営企業法2条1項**
> この法律は、地方公共団体の経営する企業のうち次に掲げる事業（これらに附帯する事業を含む。以下「地方公営企業」という。）に適用する。
> 一　水道事業（簡易水道事業を除く。）
> 二　工業用水道事業
> 三　軌道事業
> 四　自動車運送事業
> 五　鉄道事業
> 六　電気事業
> 七　ガス事業
> **同条2項**
> 前項に定める場合を除くほか、次条から第6条まで、第17条から第35条まで、第40条から第41条まで並びに附則第2項及び第3項の規定（以下「財務規定等」という。）は、地方公共団体の経営する企業のうち病院事業に適用する。
> **同条3項**
> 前2項に定める場合のほか、地方公共団体は、政令で定める基準に従い、条例（…）で定めるところにより、その経営する企業に、この法律の規定の全部又は一部を適用することができる。
> **地方公営企業法施行令1条1項**
> 地方公共団体は、地方公営企業法（以下「法」という。）第2条第2項の規定により同項に規定する財務規定等（以下「財務規定等」という。）が適用される病院事業について、条例（…）で定めるところにより、財務規定等を

除く法の規定を、条例で定める日から適用することができる。

同条 2 項

地方公共団体は、地方公営企業及び前項に規定する病院事業以外の事業で主としてその経費を当該事業の経営に伴う収入をもって充てるものについて、条例で定めるところにより、法の規定の全部又は財務規定等を、条例で定める日から適用することができる。

　地方公営企業法は、すべての公営企業に一律に適用されるわけではない。法の適用方法については、次の 3 つのパターンがある。1 つ目が、当然適用（全部適用）であり、2 つ目が、当然適用（財務規定等適用）であり、3 つ目が、任意適用である。

・当然適用（全部適用）

　地方公営企業法 2 条 1 項各号において挙げられている当然適用事業（水道事業〔簡易水道事業を除く〕、工業用水道事業、軌道事業、自動車運送事業、鉄道事業、電気事業、ガス事業）については、特に企業経営的手法が必要であるとの考えの下、同法の規定の全部が強制的に適用される。同法の規定の全部が適用される結果、管理者の原則的設置（7 条）、特別会計による区分経理を用いた公営企業会計の適用（17 条および 20 条）等が義務づけられる（地方公営企業法が適用される効果としての、公営企業会計の適用については 第 9 章 参照）。また、企業職員については、地方公営企業労働関係法が適用される。これらの当然適用事業について、各地方公共団体は自らの意思で条例により法が定める各規定の全部または一部を適用除外とすることはできない。

・当然適用（財務規定等適用）

　地方公営企業法 2 条 2 項において規定されている事業、すなわち、病院事業については、同法の規定のうち財務規定等が当然に適用される。財務規定等とは、同法の「第 3 章　財務」に関する規定を中心に、3 条から 6 条、17 条から 35 条、40 条から 41 条および附則 2 項から 3 項である。その結果、病院事業においては、特別会計による区分経理を用いた公営企業会計が強制的に適用され、他方で、組織に関する規定や職員の身分取扱いに関する規定等は当然には適用されない。もっとも、各地方公共団体において条例で定めるところにより、法の組織に関する規定や職員の身分取扱いに関する規定を適用することは可能である（同法 2 条 3 項および施行令 1 条 1 項）。

・任意適用（法非適用）＊

　地方公営企業法2条3項は、当然適用（全部適用）事業や当然適用（財務規定等適用）事業のほか、地方公共団体が、政令で定める基準にしたがい、条例で定めるところにより、その経営する企業に、法の規定の全部または一部を適用することができるとしている。この規定に基づいて法の規定の全部または一部を適用することのできる事業は、「主としてその経費を当該事業の経営に伴う収入をもって充てるもの」とされている（地方公営企業法施行令1条2項）。このような事業を経営する公営企業について、同法を適用するか否かは地方公共団体の任意とされている。したがって、従前、同法を適用していたところを適用しないとすることや、同法の規定の全部を適用していたところについて、財務規定等のみを適用することが認められる。当然適用（財務規定等適用）事業である病院事業についても、条例で定めることにより財務規定等を除く同法の規定を適用し全部適用とすることができる（法施行令1条1項）。

(4) 地方公営企業法の課題

　令和4年度末時点において、法適用事業は4,760事業、法非適用事業は3,299事業である。分野別では、法適用事業について、下水道事業が2,186事業、水道事業（簡易水道117事業を含む）が1,430事業、病院事業が680事業、また、法非適用事業について、下水道事業が1,414事業、農村集落排水施設が462事業、宅地造成事業が368事業などである（令和4年度地方公営企業年鑑）。

　近年、国は、公営企業を取り巻く経営環境の厳しさ等から、公営企業が必要な住民サービスを将来にわたり安定的に提供していくためには、資産を含む経営状況を比較可能な形で的確に把握する必要があるとして、累次の通知（地方自治法245条の4第1項に基づく技術的助言）により、公営企業会計を適用することを推進している。

　とりわけ、下水道事業および簡易水道事業について、公営企業会計の適用が推進されており、その他の事業についても自主的な適用が促進されている（最近の通知として、「公営企業会計の適用の更なる推進について」〔平成31年1月25日付総財公第9号総務大臣通知〕、「公営企業会計の適用の更なる推進について」〔令和6年1月22日付総財公第1号総務省自治財政局長通知〕など）。

　　　　　　　　　　　　　　　　　　　　　　　　　　　　　　（田尾亮介）

第1部　公営企業に関する経営責任

第1章　公営企業の経営組織

> 地方公営企業法では、企業の経済性の発揮と公共の福祉の増進を掲げる経営の基本原則（3条）に則って、公営企業の経営組織をどのように定めているか、民間の株式会社との相違も含めて概説する。併せて公営企業における内部統制や近時見られる公営企業の多様な経営形態との関係についても触れる。

本章では特に断りのない限り、引用する条文は地方公営企業法の条文を指す。

1　経営の基本原則と公営企業の組織

　地方公営企業法は、地方公営企業の組織、財務、職員の身分取扱いその他企業の経営の根本基準を定め（1条）、経営の基本原則を掲げる（3条、詳細は 序章① ）。地方公営企業に関する法令等はすべて3条に規定する経営の基本原則に合致するものでなければならない（5条）。

> **地方公営企業法3条**
> 地方公営企業は、常に企業の経済性を発揮するとともに、その本来の目的である公共の福祉を増進するように運営されなければならない。

　地方公営企業は、地方公共団体によって経営される以上、その本来の目的である公共の福祉を増進するように運営されなければならないことは当然であるが、常に企業の経済性を発揮する点は民間の株式会社と異ならないと言えよう。この**経営の基本原則を念頭に置きながら、公営企業の経営組織の在り方やマネジメントを考えていく必要がある。**

2　管理者

⑴　管理者の設置と選任、身分取扱い等
　地方公営企業の業務を執行させるため、事業ごとに管理者が置かれるが、条例で定めるところにより、政令＊で定める地方公営企業について管理者

＊地方公営企業法施行令8条の2。

15

を置かず、又は二以上の事業を通じて管理者一人を置くことができる（7条）。この規定によって小規模な公営企業については管理者を置かないことができるが、その場合、管理者の権限は地方公共団体の長が行う（8条2項）。

　管理者は、地方公営企業の経営に関し識見を有する者のうちから、**地方公共団体の長が任命する**（7条の2、1項）。管理者の身分は特別職である（地方公務員法3条3項1の2号）。

　地方公営企業法では、管理者について欠格条項を定めるほか（7条の2、2項、10項）、国会議員や地方公共団体の議会の議員等の兼職はできない（3項、11項による地方自治法180条の5、6項から8項までの準用）。任期4年（4項）、再任可能（5項）、常勤とする（6項）。心身の故障や職務上の義務違反等の事由に該当する場合を除くほか、その意に反して罷免され、又は懲戒処分を受けることがない（7項、8項、9項）。

　管理者に事故があるとき又は管理者が欠けたときは、管理者が地方公共団体の長の同意を得てあらかじめ指定する上席の職員がその職務を行う（13条1項）。また、管理者は、その権限に属する事務の一部を企業職員に委任し、又はこれにその職務の一部を臨時に代理させることができる（2項）。なお、事務の委任に関する規定も参照（13条の2）。

　⑵　管理者の権限等

　管理者は、法令に特別の定めがある場合や地方公共団体の長の権限に留保されている予算調製、議案提出、決算の監査委員審査及び議会認定の付議、過料を科すことを除くほか、**地方公営企業の業務を執行し、その業務の執行に関し地方公共団体を代表する**（8条1項）。管理者は長の補助機関であるが、地方公営企業法では、管理者が自己の名と責任において日常的に業務執行できるように広範な権限を定め、管理者が担任する具体的な事務を次のように例示する（9条）。

9条が例示する管理者の担当する事務

号数	管理者の担当する事務	関連規定
1	その権限に属する事務を分掌させるため必要な分課を設けること	
2	職員の任免、給与、勤務時間その他の勤務条件、懲戒、研修及びその他の身分取扱に関する事項を掌理すること	15条
3	予算の原案を作成し、長に送付すること	24条2項

4	予算に関する説明書を作成し、長に送付すること	25条
5	決算を調製し、長に提出すること	30条1項
6	議会の議決を経るべき事件について、その議案の作成に関する資料を作成し、長に送付すること	
7	当該企業の用に供する資産を取得し、管理し、及び処分すること	33条1項
8	契約を結ぶこと	40条1項
9	料金又は料金以外の使用料、手数料、分担金若しくは加入金を徴収すること	
10	予算内の支出をするため一時の借入をすること	29条
11	出納その他の会計事務を行うこと	27条
12	証書及び公文書類を保管すること	
13	労働協約を結ぶこと	
14	当該企業に係る行政庁の許可、認可、免許その他の処分で政令で定めるものを受けること	地方公営企業法施行令8条の3
15	前各号に掲げるものを除く外、法令又は当該地方公共団体の条例若しくは規則によりその権限に属する事項	10条*等

*10条では、管理者の企業管理規程の制定権限を規定する。

　管理者は、地方公営企業の業務に関し地方公共団体を代表し、業務執行について広範な権限を有している。民間の株式会社と比較すると（詳細は 序章② ）、一般的に株主総会が取締役を選任（会社法329条1項）、取締役会が選定する代表取締役（会社法362条2項3号）が対外的な代表権と包括的な業務執行権限を有し（会社法349条1項、4項）、監査役が取締役の職務の執行を監査する（会社法381条1項）。会社の計算書類等を監査する会計監査人が設置されることもある（会社法396条1項）。このように株式会社では、株主総会や取締役(会)、監査役(会)、会計監査人等の機関設計のもとでのガバナンスが想定されている。一方、地方公営企業については、株式会社と異なり、法人格を有しないところ、地方公共団体の長による管理者の任免等（7条の2）や後述(3)の場合の管理者に対する必要な指示（16条）、議会による条例制定（4条等）、予算議決（24条2項）や決算認定（30条4項）を通じたガバナンスが想定されていると解することができる。また、同様の観点から監査委員による決算審査（30条2項等）、地方自治法上の定期監査や随時監査（地方自治法199条1項、4項、5項）、例月出納検査（地方自治法235条の2、1項）の意義を捉えられるように思われる。さらに、外部監査人による包括外部監査（地方自治法252条の37）において地方公営企業が取り上げられることにも広い意味で同様の意義を

見出すことができよう。

⑶　地方公共団体の長との関係

　地方公営企業法では、地方公共団体の長は、①当該地方公共団体の住民の福祉に重大な影響がある地方公営企業の業務の執行に関しその福祉を確保するため必要があるとき、又は②当該管理者以外の地方公共団体の機関の権限に属する事務の執行と当該地方公営企業の業務の執行との間の調整を図るため必要があるときは、当該管理者に対し、当該地方公営企業の業務の執行について必要な指示をすることができるとしている（16条）。

　この規定に関連して、最高裁判所は「地方公営企業法の定めによれば、管理者は、原則として地方公営企業の業務の執行に関し地方公共団体を代表するものとされ（同法8条1項）、地方公共団体の長は、管理者に対し、同法16条所定の場合に限って必要な指示をすることができるにとどまるものとされている（同条）。そうすると、同法は、地方公営企業の業務の執行を原則として管理者に委ねているものと解され、その業務の執行に関し管理者が当該地方公共団体の代表権を有する場合には、当該地方公共団体の長はその代表権を有しないというべきである。」「**地方公共団体の長は、地方公営企業法における管理者に対し、同法16条所定の場合に限って必要な指示をすることができるにとどまり、地方公共団体の長の管理者に対する一般的指揮監督権は排除されているものと解される。**」と判示した＊。地方公営企業は地方公共団体が経営する企業である以上、住民の福祉を確保するため必要があるときなどには地方公共団体の長が必要な指示をすることができるとされる一方、その場合は限定され、地方公営企業の業務執行については管理者に広く委ねられていることが理解される。

3　事務処理のための組織（補助組織）

⑴　設置、職員の任免等

　地方公営企業法は、地方公営企業を経営する地方公共団体に、**管理者の権限に属する事務を処理させるため、条例で必要な組織を設けることとしている**（14条）。こうした管理者の補助組織の分課分掌は、管理者が定める企業管理規程によることになろう＊＊。

　管理者の権限に属する事務の執行を補助する職員（企業職員）は管理者が任免するが、当該地方公共団体の規則で定める主要な職員を任免する場

＊最判令和3年1月22日裁判所HP参照。個人情報保護条例に基づく開示請求に係る地方公営企業の管理者の不作為についての審査請求は当該管理者に対してすべきものとした事例。

＊＊例えば、東京都では、東京都公営企業組織条例が制定されている。また、水道局では、東京都水道局分課規程が制定されている。

合においては、あらかじめ、当該地方公共団体の長の同意を得なければならない（15条1項）＊。**企業職員は管理者が指揮監督し**（2項）、長の指揮監督権は及ばないとされる。

(2) 地方公営企業と内部統制

大会社等の株式会社では内部統制、すなわち、会社の業務の適正を確保するための体制（会社法362条4項6号、5項、会社法施行規則100条等）の整備、特に上場会社では財務報告の適正を確保するための体制（金融商品取引法24条の4の4、1項）の整備が求められている。地方公共団体についても、平成29年地方自治法改正により、地方公共団体の事務執行の適正を確保するため、地方公共団体の長は内部統制に関する方針を定め、これに基づき必要な体制を整備しなければならないこととなった（地方自治法150条）。地方公共団体における内部統制とは、住民の福祉の増進を図ることを基本とする組織目的が達成されるよう、行政サービスの提供等の事務を執行する主体である長自らが、組織目的の達成を阻害する事務上の要因をリスクとして識別及び評価し、対応策を講じることで、事務の適正な執行を確保することであると考えられる＊＊。地方自治法150条は、長の担任する事務に対して義務付けを行うものであるため、管理者の権限に属する事務については、内部統制に関する方針及び内部統制の整備の対象外となるが、長の管理者に対する指揮監督権（前述2(3)参照）を適切に行使することも含めて、内部統制体制を整備することになり、地方公営企業における内部統制については、**管理者に地方自治法150条上の義務はないが、自主的なものとして内部統制に取り組むことは望ましく、長が定める方針と整合性をとるべきであると考えられている**＊＊＊。今後、公営企業において、経営の基本原則に則った経営組織のマネジメントを実践していくためにも自主的に内部統制の整備と運用に取り組むことが有用であろう＊＊＊＊。

4　公営企業の多様な経営形態と公営企業の経営組織

人口減少や施設設備の老朽化等の課題に直面する現在、地域住民の生活に不可欠な水道事業や交通事業等の公営企業を地方公共団体がどのように経営していくか。最近ではPPP/PFI、コンセッション方式が注目されるが（詳細は **序章①** および第4部）、こうした環境変化の中で公営企業の経営組

＊東京都には、管理者が任免に関し知事の同意を要する職員の指定に関する規則がある。

＊＊地方公共団体における内部統制制度の導入・実施ガイドライン（平成31年3月（令和6年3月改定）総務省）4頁参照。

＊＊＊同ガイドラインに関するQ＆A（令和元年10月、令和6年3月一部改定総務省自治行政局）20頁参照。

＊＊＊＊例えば、東京都水道局では内部統制に関する方針を策定し、令和3年度から、内部統制実施計画、内部統制評価報告書を公表している。

　織の在り方、民間事業者との関係を考えていくことになろう。その際、地方公営企業法が定める経営の基本原則を踏まえ、常に企業の経済性を発揮しつつ、本来の目的である公共の福祉の増進を目指すという古くて新しい問題に取り組む必要があると思われる。

（中島美砂子）

第2章　経営責任をめぐる具体的制度①
──地方公営企業法

地方公営企業法は地方自治法の特別法という位置づけの下、経営に係る諸原則として、管理者の責任および財務会計に関する特殊規定などを置くため、本章では、これら諸原則に関する基本事項を概説する。

1　地方公営企業法の概要

(1)　目　　的

地方公営企業法1条
この法律は、地方公共団体の経営する企業の組織、財務及びこれに従事する職員の身分取扱いその他企業の経営の根本基準並びに企業の経営に関する事務を処理する地方自治法の規定による一部事務組合及び広域連合に関する特例を定め、地方自治の発達に資することを目的とする。

同法2条1項
この法律は、地方公共団体の経営する企業のうち次に掲げる事業（これらに附帯する事業を含む。以下「地方公営企業」という。）に適用する。
一　水道事業（簡易水道事業を除く。）
二　工業用水道事業
三　軌道事業
四　自動車運送事業
五　鉄道事業
六　電気事業
七　ガス事業

　地方公営企業法は、地方自治法の規定とは別に、公営企業に関するものとして別途規定したものであるため、地方自治法の特別法として位置づけられる。地方公営企業とは、地方公営企業法に定められた「地方公共団体の経営する企業のうち次に掲げる事業」とされ（2条1項柱書）、そこに列挙された事業を指す。法人組織に通常解される「法人」とは異なり、**同法では「事業」を指すことが分かる**（詳細は 序章① 参照）。同法7条でも「地方公営企業を経営する地方公共団体」という文言がみられるように、経営

責任は地方公共団体が担うことが明らかにされている。

(2)　経営原則の理解

地方公営企業法は、地方公営企業の経営に係る基本原則として、①企業の経済性の発揮と②公共の福祉の増進の二つを調和することを求めている。地方公営企業（事業）の経営（ビジネス）という視点からは、株式会社が行う営利活動と同様、①企業の経済性の発揮を地方公共団体に求めることは理解できる。その一方、多様な市民ニーズをかなえるためには、経済性の発揮だけでなく②公共の福祉の増進を図ることが必須となる。

他方、経営責任を負う地方公共団体が地方公営企業（事業）を運営する上で、自らの経費は自らの収入によって賄う**独立採算制の原則**という考え方がとられていることに注意すべきである。この原則については、地方公営企業法の中に明示規定はないものの、組織、財務といった経営責任に係る具体的な体制を構築することが求められており、料金は「能率的な経営の下における適正な原価を基礎」とすることが定められていること（21条2項）などから、帰結するところである。

しかし、経営に伴って収入に充てることが適当でなかったり、能率的な経営を行っても収入のみをもって充てることが適当でなかったりする場合、**補助金等からの充当を要する**ことになる。このため、地方公共団体には独立採算制の原則を維持しつつも、公的サービスの提供が求められる地方公営企業にあっては、経営の継続のための公的資金の注入に係る判断が必須となることがありうる（→3(1)）。

(3)　骨　　子

地方公営企業法は、①総則（1—6条）のほか、②組織（7—16条）、③財務（17—35条）、④職員の身分取扱い（36—39条）、⑤一部事務組合・広域連合に関する特例（39条の2、39条の3）、そして⑥雑則（40—42条）の合計6章建てから構成されている。これらのうち、経営責任に関する具体的制度として、②企業組織、③財務および④職員の身分扱いの三つを挙げることができる。これら三つの詳細は、該当する各章において記述されるため、以下では、地方公営企業法の全体を理解するうえで必要な概説にとどめる。

(4)　経営責任のとり方

上記のように、地方公営企業法は企業の経営責任の所在を明らかにする

ことから、関連事項について法的な責任が問われることになる。すなわち、同法の構造に照らせば、企業経営を預かる管理者（→**2**）が地方公共団体に対し一義的に責任を負うことになる。これにあわせ、地方公共団体（その責任主体である長）の判断によって、管理者の人事が決せられることになる。

　もっとも、当該地方公共団体が経営責任を追及しないにもかかわらず当公共団体が損害を被っていると考えられる場合、**住民訴訟を通じて当該管理者の責任が問われることもある**。例えば、予算の調製（→**2**(3)①）において給与の適正を担保できなかったり、不適正な会計処理が行われる場合には、地方公共団体に経営責任を問うこともある。このことと並び、住民訴訟等を通じ個人責任（当該団体の長、責任者等）に対する損害賠償請求等がなされる可能性がある（このあたりについては 第4章 参照）。

2　管理者とその責任

(1)　管理者（7条）

　地方公営企業法では、地方公営企業の運営（業務執行）のために、事業ごとに管理者を置くことが原則となっている（7条）。ただし、管理者を置かなくてもよいまたは複数事業を通じておく場合のように（具体的には、同法施行令8条の2において一定規模以上の事業）、例外的な措置は条例で定めることとされている。なお、①水道事業と簡易水道を除く工業用水道事業または②交通事業と軌道、自動車運送、鉄道のうち2以上の事業について、それぞれ併合して経営する場合、管理者一名を置くことを常例とするものとされている。

(2)　管理者の担当事務（9条）

　管理者が組織運営のための責任者であるため、地方公営企業では具体的な担当事務が列挙されている。例えば、職員の給与等の勤務条件などに関する事項の掌理（2号）、企業の用に供する資産の取得・管理・処分（7号）、料金等の徴収（9号）、そして借入・会計事務（10・11号）等を行うことが定められている。

(3)　地方公共団体の長との関係

(a)　長に留保された権限（8条）

　地方公営企業法は、管理者が「地方公営企業の業務を執行し、当該業務

の執行に関し当該地方公共団体を代表する」と定め（8条1項柱書）、業務の執行に係る代表者であることを明示する一方、地方公共団体の長についても、以下のように一定の権限を留保していることに注意を要する。

地方公共団体の長に留保された権限（8条1項各号）
①　予算の調整
②　議会に対する議案の提出
③　決算を監査委員の審査・議会の認定に付すること
④　過料を科すこと

　これらの中でも「予算の調整」が最も重要となるが、その原案は管理者が作成することとなる（9条3号）。そこで、法文上は長が「予算の調整」に係る責任を負うことになるが、事案に応じて長と管理者の間で法的責任の及ぶ範囲が決せられる。例えば、最判令和元・10・17判時2436号3頁［鳴門市競艇従事員共済会補助金違法支出損害賠償等請求事件］では、最高裁は「地方公共団体の長は、地方公営企業の予算を調製するに当たり、当該地方公営企業の業務執行の権限を有する管理者が作成した予算の原案を尊重することが予定されているというべきである」などと判示する一方、本件では問題とされた補助金は企業局長が交付の有無を認定したため、予算の調整にあたり市長が違法な支出を認識していなかったとして、当該市長に損害賠償責任は及ばないと判断された。

(b)　長が持つ指示権（16条）

地方公営企業法16条
地方公共団体の長は、当該地方公共団体の住民の福祉に重大な影響がある地方公営企業の業務の執行に関しその福祉を確保するため必要があるとき、又は当該管理者以外の地方公共団体の機関の権限に属する事務の執行と当該地方公営企業の業務の執行との間の調整を図るため必要があるときは、当該管理者に対し、当該地方公営企業の業務の執行について必要な指示をすることができる。

　地方公営企業法は、地方公共団体の長が管理者に対し「地方公営企業の業務の執行について必要な指示をすることができる」と規定している（16条）。本来、独立採算制の原則の下で管理者が責任をもって業務を執行することが想定される一方、①住民の福祉に重大な影響がある業務執行の場合、または②機関同士の調整を図る必要がある場合について、長による指

示を可能としている。同法では管理者が当該指示に従わないことは想定されていないが、責任者が「管理者の業務の執行が適当でないため経営の状況が悪化したと認める場合」には長が責任者の罷免を可能としている等（7条の2第7項）、人事上の処遇をもって管理者の責任を問うことが考えられる。

3　財　務　会　計

以下では、地方公営企業法における会計関連の規定を概観する。詳細は 第8章 から 第13章 において取り上げる。

(1)　概　　　要

地方公営企業法は、地方公共団体が同法2条1項に規定される事業ごとに特別会計を設けることとしている（17条）。このほか、政令で定める経費については、同団体の一般会計または特別会計において、「出資、長期の貸付け、負担金支出、その他の方法により負担するものとする」と定められている（17条の2第1項柱書）。具体的には、①事業の性質上地方公営企業の収入をもって充てることが適当でない経費*が、②能率的な経営を行っても経営に伴う収入をもって充てることが客観的に困難であると認められる経費**が、それぞれ挙げられている（地方公営企業法施行令8条の5）。

これら二種類の経費のほかにも、地方公共団体は自らの一般会計または他の特別会計から地方公営企業の特別会計に対して出資を可能にするものと規定されている（18条1項）。先の場合とは異なり、出資が可能となる限度が法定されているわけではないので***、広範な裁量判断が地方公共団体側に委ねられていると解されることで、過剰な出資が行われる可能性があることに注意が必要となる。

> **地方公営企業法 20 条 1 項**
> 地方公営企業においては、その経営成績を明らかにするため、すべての費用及び収益を、その発生の事実に基いて計上し、かつ、その発生した年度に正しく割り当てなければならない。

(2)　会計の原則

株式会社の場合、会社法において「株式会社の会計は、一般に公正妥当と認められる企業会計の慣行に従うものとする」と定められており（431条）、

*水道・工業用水道事業に係る公共の消防用の消火栓に要する経費を指す。

**病院事業に係る救急医療の確保に要する費用等を指す。

***ただし、利益状況に応じて納付金を納付することがあるとされる（18条2項）。

25

この「慣行」を示す原則が「企業会計原則」と呼ばれるものである。地方公営企業について直接この規定が適用されるわけではないが、地方公営企業法施行令では「会計の原則」が明文で定められており（9条）、これらの諸原則は「企業会計原則」に示される一般原則（包括的原則）にのっとったものである。このため、**地方公共団体が経営責任を負う地方公営企業においても、営利を追求する株式会社と同様の諸原則が適用されることを認識しておくことが求められる。**

地方公営企業における会計の原則
①　**真実性の原則**
　　⇒　当該事業の財政状態・経営成績に適用されること
②　**正確の簿記の原則**
　　⇒　当該事業に関する取引について正確な会計帳簿を作成すること
③　**資本取引と損益取引との区分の原則**
　　⇒　両者の取引の区分を明確化すること
④　**明確性の原則**
　　⇒　当該事業の財政状態・経営成績に関する会計事実を決算書その他の会計に関する書類に明瞭に表示すること
⑤　**継続性の原則**
　　⇒　採用する会計処理の基準・手続を毎事業年度継続して用いること、みだりに変更してはならないこと
⑥　**安全性の原則（保守主義の原則）**
　　⇒　当該事業の財政に不利な影響を及ぼすおそれがある事態に備えて健全な会計処理をすること

出典：原則に関する用語は、細谷・図解地公企法 102 頁以下参照。

⑶　**財務諸表との関係**

地方公営企業の経済活動の情報となる会計は、官公庁会計（収入と支出に係る現金の出納を表記する単式簿記、**現金主義**）ではなく、**公営企業会計**（現金移動に関係なく経済活動で発生した収入と負債を＜貸方＞と＜借方＞の両面で記録する複式簿記、**発生主義**）によることとなっている（地方公営企業法20条）。この場合も、株式会社に対し求められる株主資本等変動計算書などを除き財務諸表の作成が必須となるが、これはあくまで法適用事業についてのみ義務付けられているため、任意適用事業（法非適用事業）には強制適用されない。独立採算制の原則がとられる地方公営企業にあっては、

会計の明朗化に資することで経営実績と責任の所在を明らかにするためにも、財務諸表の作成が求められるといえよう。

4　料　　金

> **地方公営企業法 21 条 1 項**
> 地方公共団体は、地方公営企業の給付について料金を徴収することができる。
> **同条第 2 項**
> 前項の料金は、公正妥当なものでなければならず、かつ、能率的な経営の下における適正な原価を基礎とし、地方公営企業の健全な運営を確保することができるものでなければならない。

　地方公営企業法は、料金について、「地方公営企業の給付」について料金の徴収を可能とし（1項）、その際、①公正妥当なものであること、②能率的な経営の下における適正な原価を基礎とすること、③地方公営企業の健全な運営を確保すること、といった料金設定に際しての基準を定めている（21条）。

　ただし、同法以外でも地方自治法が施設の使用料に係る徴収を認めており（225条）、料金徴収の根拠規定も別途定められている。また、料金設定基準については、各事業法が具体的に定めているケースもあるが（序章①参照）、本条の規定と矛盾する解釈がとられることは想定されていない。

（友岡史仁）

第 3 章

経営責任をめぐる具体的制度②
── 財政健全化法

> 本章においては、赤字経営が常態化している公営企業が多いことにかんがみ
> て、財政健全化法の内容を確認する。財政健全化法は、地方公共団体の財政
> の健全度について、公営企業も含めて評価するほか、公営企業単独の経営の
> 健全度についても評価している。そこで、同法の概要と併せ、公営企業の経
> 営の健全化制度についても概説する。

1　はじめに──財政健全化法制定の経緯

　令和 4 年度末時点において、法適用企業と法非適用企業を併せた公営企
業数は 7,992 事業である。そのうち、黒字事業数は 6,973 事業（87.2%）、
赤字事業数は 1,019 事業（12.8%）であり、赤字事業数は前年度の 944 事業
から 75 事業増えている。上水道、下水道、交通機関、病院などの事業を
中心に、赤字事業数が 1 割を超える状況が続いている。

　昭和 30 年に制定された旧地方財政再建促進特別措置法（昭和 30 年法律
第 195 号）に基づく地方公共団体の再建制度については、①財政指標の客
観性・正確性を担保する手段がないこと、②再建団体の基準のみであり、
早期に是正する機能がないこと、③普通会計のみを対象とし、公営企業や
地方公社等との関係が考慮されていないこと、④再建を促進するための仕
組みが限定的であること、⑤公営企業における再建制度は、普通会計を中
心とする再建制度とは別立ての制度となっており、財政情報の開示が不十
分であること等の課題が指摘されていた（「新しい地方財政再生制度研究会」
報告書〔平成 18 年 12 月 8 日〕）。

　平成 19 年 6 月に、旧法に替わって制定された「地方公共団体の財政の
健全化に関する法律」（平成 19 年法律第 94 号。平成 21 年 4 月に全面施行され、
平成 20 年度決算から適用されている。以下、「財政健全化法」という）は、特
別会計や第三セクターを含めた連結ベースの財政状況に基づく早期健全化
の枠組みを設けるものである。財政健全化法が制定されたことに伴い、同
法制定前の地方公営企業法第 7 章の地方公営企業の再建制度に関する規定

はすべて削除され、財政健全化法に統合された。

　財政健全化法においては、地方公共団体（普通会計）の財政の健全度を測る際に、公営企業の経営状況も勘案されている点、および、地方公共団体のみならず、公営企業単独の経営の健全化措置も制度化されている点が特徴的である。

　以下では、財政健全化法の仕組みを概観した上で、同法が定める公営企業の経営健全化の仕組みをみていく。

2　財政健全化法の概要

(1)　はじめに──概観

　財政健全化法に基づく地方公共団体の財政再建制度は、①財政の健全化判断比率の公表制度（3条）、②「財政健全化計画」の策定とその実施措置（4条〜7条）、③「財政再生計画」の策定とその実施措置（8条〜21条）、④公営企業の資金不足比率の公表を受けた「経営健全化計画」の策定とその実施措置（22条〜24条）からなるものである。

　財政健全化計画（「イエロー・カード」）の段階においては、地方公共団体の自主性を尊重した財政健全化が目指されるのに対して（公営企業の経営健全化計画についても同様である）、財政再生計画（「レッド・カード」）の段階においては国の監督を中心とした財政再建が目指される。

　以下では①から③を扱い（〔2〕〜〔4〕）、**3**において④を扱う。

(2)　健全化判断比率の公表等

　地方公共団体（都道府県、市町村および特別区）は、毎年度、次の4つの健全化判断比率を監査委員の審査に付した上で、議会に報告し、公表しなければならない（財政健全化法3条1項）。

① 　実質赤字比率：当該地方公共団体の一般会計等を対象とした実質赤字額の標準財政規模に対する比率（同法2条1号）

② 　連結実質赤字比率：当該地方公共団体の全会計を対象とした実質赤字額または資金の不足額の標準財政規模に対する比率（同2号）

③ 　実質公債費比率：当該地方公共団体の一般会計等が負担する元利償還金および準元利償還金の標準財政規模に対する比率（同3号）

④ 　将来負担比率：地方公社や損失補償を行っている出資法人等に係るものも含め、当該地方公共団体の一般会計等が将来負担すべき実質的

な負債の標準財政規模に対する比率（同4号）

地方公共団体の長は、公表した健全化判断比率を、都道府県および指定都市の長にあっては総務大臣に、指定都市を除く市町村および特別区の長にあっては都道府県知事に報告する。後者の場合において、当該報告を受けた都道府県知事は、当該健全化判断比率を総務大臣に報告する（財政健全化法3条3項）。

令和5年版地方財政白書ビジュアル版

(3)　財政の早期健全化

(a)　財政健全化計画

地方公共団体は、健全化判断比率のいずれかが早期健全化基準以上である場合には、「財政健全化計画」を定めなければならない（財政健全化法4条1項）。

(b)　財政健全化計画の策定手続

財政健全化計画は、地方公共団体の長が作成し、議会の議決を経て定める（財政健全化法5条1項）。地方公共団体は、財政健全化計画を定めたときは、これを公表するとともに、都道府県および指定都市にあっては総務大臣に、市町村および特別区にあっては都道府県知事に報告する。後者の場合において、当該報告を受けた都道府県知事は、当該財政健全化計画の概要を総務大臣に報告する（同2項）。

(c)　財政健全化計画の実施状況についての国等への報告

財政健全化計画を定めている地方公共団体（以下、「財政健全化団体」と

いう）の長は、同計画の実施状況を議会に報告し、かつ、これを公表する
とともに、都道府県および指定都市の長にあっては総務大臣に、市町村お
よび特別区の長にあっては都道府県知事に当該財政健全化計画の実施状況
を報告する。後者の場合において、当該報告を受けた都道府県知事は、そ
の要旨を総務大臣に報告する（財政健全化法 6 条 1 項）。

(d)　国等による勧告

総務大臣または都道府県知事は、報告を受けた財政健全化団体の財政健
全化計画の実施状況を踏まえ、当該財政健全化団体の財政の早期健全化が
著しく困難であると認められるときは、当該財政健全化団体の長に対し、
必要な勧告をすることができる（財政健全化法 7 条 1 項）。

なお、令和 4 年度決算において、財政健全化団体は 0 である。

(4)　財政の再生

(a)　財政再生計画

地方公共団体は、実質赤字比率、連結実質赤字比率および実質公債費比
率（以下、「再生判断比率」という）のいずれかが財政再生基準以上である
場合には、財政の再生のための計画（以下、「財政再生計画」という）を定
めなければならない（財政健全化法 8 条 1 項）。財政再生計画の目標は、再
生段階に該当しなくなることではなく、早期健全化段階の基準よりも改善
することである（同 3 項）。財政再生計画については、財政健全化計画と
比較して、より多くの記載事項がある（同項各号）。

(b)　財政再生計画の策定手続

財政再生計画は、地方公共団体の長が作成し、議会の議決を経て定める
（財政健全化法 9 条 1 項）。地方公共団体は、財政再生計画を定めたときは、
これを公表するとともに、総務大臣に（市町村および特別区にあっては、都
道府県知事を経由して総務大臣に）報告する（同 2 項）。

(c)　財政再生計画についての総務大臣の同意

財政再生計画を定めている地方公共団体（以下、「財政再生団体」という）
は、財政再生計画について、議会の議決を経て、総務大臣に（市町村およ
び特別区にあっては、都道府県知事を通じて総務大臣に）協議し、その同意を
求めることができる（財政健全化法 10 条 1 項）。

(d)　地方債の起債制限

財政再生団体は、再生判断比率のいずれかが財政再生基準以上であり、

かつ、財政再生計画が総務大臣の同意を得ていないときは、災害復旧事業等を除き、地方財政法その他の法律の規定にかかわらず、地方債をもってその歳出の財源とすることができない（財政健全化法 11 条 1 項）。

(e) 再生振替特例債

財政再生団体は、その財政再生計画につき総務大臣の同意を得ている場合に限り、収支不足額を地方債に振り替えることによって、当該収支不足額を財政再生計画の計画期間内に計画的に解消するため、地方財政法 5 条の規定にかかわらず、当該収支不足額の範囲内で、地方債（「再生振替特例債」）を起こすことができる（財政健全化法 12 条 1 項）。

(f) 総務大臣の許可による地方債の起債

財政再生団体および財政再生計画を定めていない地方公共団体であって再生判断比率のいずれかが財政再生基準以上である地方公共団体は、地方債を起こす場合には、総務大臣の許可を受けなければならない（財政健全化法 13 条 1 項）。

(g) 財政再生計画の実施状況についての国等への報告

財政再生団体の長は、毎年、財政再生計画の実施状況を議会に報告し、かつ、これを公表するとともに、総務大臣に（市町村および特別区の長にあっては、都道府県知事を経由して総務大臣に）当該財政再生計画の実施状況を報告しなければならない（財政健全化法 18 条 1 項）。

(h) 国の勧告

総務大臣は、財政再生団体の財政の運営がその財政再生計画に適合しないと認められる場合その他財政再生団体の財政の再生が困難であると認められる場合においては、当該財政再生団体の長に対し、予算の変更、財政再生計画の変更その他必要な措置を講ずることを勧告することができる（財政健全化法 20 条 1 項）。

なお、令和 4 年度決算において、財政再生団体は北海道夕張市のみである。

3　公営企業の経営の健全化

(1) 資金不足比率の公表等

公営企業を経営する地方公共団体の長は、毎年度、当該公営企業の資金不足比率を監査委員の審査に付した上で、議会に報告し、かつ、公表しなければならない（財政健全化法 22 条 1 項）。

「資金不足比率」とは、公営企業ごとに、当該年度の前年度の資金の不足額を当該年度の前年度の事業の規模で除して得た数値である（同2項）。

地方公共団体の長は、公表した資金不足比率を、都道府県および指定都市の長にあっては総務大臣に、指定都市を除く市町村および特別区の長にあっては都道府県知事に報告する。後者の場合において、当該報告を受けた都道府県知事は、当該資本不足比率を総務大臣に報告する（同3項が準用する3条3項）。

(2)　経営健全化計画

(a)　経営健全化計画

地方公共団体は、公営企業の資金不足比率が公営企業の経営の健全化を図るべき基準として定める数値（以下、「経営健全化基準」という）以上である場合には、当該公営企業について、公営企業の経営の健全化のための計画（以下、「経営健全化計画」という）を定めなければならない（財政健全化法23条1項）。

(b)　経営健全化計画の策定等

経営健全化計画は、地方公共団体の長が作成し、議会の議決を経て定める（財政健全化法24条が準用する5条1項）。地方公共団体は、経営健全化計画を定めたときは、これを公表するとともに、都道府県および指定都市にあっては総務大臣に、市町村および特別区にあっては都道府県知事に報告する。後者の場合において、当該報告を受けた都道府県知事は、当該経営健全化計画の概要を総務大臣に報告する（同法24条が準用する5条2項）。

(c)　経営健全化計画の実施状況についての国等への報告

経営健全化計画を定めている地方公共団体（以下、「経営健全化団体」という）の長は、毎年、経営健全化計画の実施状況を議会に報告し、かつ、これを公表するとともに、都道府県および指定都市の長にあっては総務大臣に、市町村および特別区の長にあっては都道府県知事に当該経営健全化計画の実施状況を報告しなければならない。後者の場合において、当該報告を受けた都道府県知事は、その要旨を総務大臣に報告する（財政健全化法24条が準用する6条1項）。

(d)　国等の勧告

総務大臣または都道府県知事は、報告を受けた経営健全化団体の経営健全化計画の実施状況を踏まえ、当該経営健全化団体の公営企業の経営の早

期健全化が著しく困難であると認められるときは、当該経営健全化団体の長に対し、必要な勧告をすることができる（財政健全化法24条が準用する7条1項）。

なお、令和4年度決算において、経営健全化基準以上の公営企業会計は4会計である。4会計の内訳は、交通事業1会計、病院事業1会計、宅地造成事業1会計および下水道事業1会計である。

令和5年版地方財政白書ビジュアル版

（田尾亮介）

第4章 公営企業と住民監査請求・住民訴訟

> 自治体の機関の違法な財務会計行為等について、地方自治法は、住民がそれをただすことができる制度として、住民監査請求、住民訴訟という仕組みを規定している。これら制度は、地方公営企業についてはその経営責任を追及する方法として活用しうる。本章では、これらの制度の概略および諸事例を示しつつ、どのようなルート、プロセスによって経営責任が問われうるかについて見てゆく。

1 住民監査請求・住民訴訟についての概説

(1) 住民訴訟制度

地方公営企業（以下、「公営企業」）の経営責任の追及の方法として、自治体の長がその補助職員としての管理者の責任を問うことが考えられるが、住民訴訟制度は、住民が直接にそうした経営責任を追及する手段となりうる。ここでは、住民監査請求（地方自治法242条）（→(2)）、住民訴訟（同法242条の2）（→(3)）をあわせて住民訴訟制度と呼ぶ。

これらは、自治体の機関や職員の違法な公金の支出等に対して住民がその差し止めや返還等を求めることができる制度であり、これにより、公営企業自体の支出等の局面（①→2(2)）、そして、自治体の一般会計から公営企業会計への繰入れ等をする局面（②→2(3)）について、その違法（不当）を指摘し、その賠償や是正に繋げることができる。

住民監査請求は、上記の求めを当該自治体の監査委員に対して行うものであり、住民訴訟は裁判所に提訴するものである。住民訴訟を提訴するためには、先に住民監査請求をする必要がある。

(2) 住民監査請求

地方自治法242条1項は、住民は自治体の執行機関及び職員の違法・不当な財務会計行為や怠る事実等（→表1）があると認めるときに、当該行為の是正等の措置（→表2）を、監査委員に対して請求することができるとする。

ここでいう住民とは、当該自治体の区域内に住所を有する者をいい（法

10条)、自然人や選挙権者に限定されず、従って、法人＊であっても外国人であってもすることができる。この点において、請求者が選挙権者に限定される直接請求制度（法12〜13条）とは異なる。

　住民監査請求の対象事項は表1の通りであり、通例、「財務会計行為」と総称される＊＊。

表1　住民監査請求の対象事項

① 公金の支出
　　　　支出＝現金の支払（支出）行為、支出負担行為、支出命令
② 財産の取得・管理・処分
③ 契約の締結・履行
④ 債務その他の義務の負担の諸行為
⑤ 公金の賦課・徴収を怠る事実
⑥ 財産の管理を怠る事実

　「違法」とは、何らかの法規範に違背することであり、何らかの法規範とは、第一次的には上記の「財務会計行為」を規律する行政法規をいい、地方自治法第9章「財務」の諸規定が想定されるが、公営企業に関しては、一般会計からの繰入れ等に関する地方財政法6条、地方公営業法17条の2〜18条の2も挙げられよう（詳細は 第2章 ）。また、こうした財務会計法規に対する違反のみならず、財務会計上の権限を行使する者＊＊＊が考慮すべき法規範への違背をも広く含むと考えられ、違憲の行為、他人の権利を侵害する不法行為、公序良俗に反する行為、信義則違反なども含むとされ、更に、背任・横領・詐欺等の犯罪行為までをも含むとする議論もある＊＊＊＊。

　「不当」とは、違法ではないが、公益の観点から不適当なものをいい、この点については、司法審査である住民訴訟においては審査対象とはならず、行政機関たる監査委員に請求する住民監査請求についてのみ対象となる。

　請求事項は表2の通りである。請求を受けた監査委員は、必要な監査を行い、当該請求に理由がないとする場合は、理由を付して通知・公表し、理由があるとする場合には、執行機関・職員に対して、期間を明示して必要な措置を講ずるべきことを勧告し、また、請求人へ通知・公表する（法242条5項）。監査及び勧告は、請求の60日以内に行わなければならず（同

条6項）、勧告を受けた執行機関等は、必要な措置を講じなければならない（同条9項）。

表2　住民監査請求の請求事項

ⅰ）当該行為を防止すること
ⅱ）当該行為を是正すること
ⅲ）当該怠る事実を改めること
ⅳ）当該行為若しくは怠る事実によって当該普通地方公共団体の被った損害を補塡するために必要な措置を講ずべきこと

⑶　住　民　訴　訟

地方自治法242条の2第1項は、住民監査請求をした住民は、前「条第5項の規定による監査委員の監査の結果若しくは勧告若しくは同条第9項の規定による普通地方公共団体の議会、長その他の執行機関若しくは職員の措置に不服があるとき、又は監査委員が同条第5項の規定による監査若しくは勧告を同条第6項の期間内に行わないとき、若しくは議会、長その他の執行機関若しくは職員が同条第9項の規定による措置を講じないときは、裁判所に対し、同条第1項の請求に係る違法な行為又は怠る事実につき、訴えをもって次に掲げる請求をすることができる。」とする。

住民監査請求の対象が「違法不当な」財務会計行為等であったのに対し、本条では「違法な」行為等に限定される。

「次に掲げる請求」とは表3の通りであり、これら請求を併合して起こすことも可能である。

表3　住民訴訟における請求事項（242条の2第1項1〜4号）

1．当該執行機関又は職員に対する当該行為の全部又は一部の差止めの請求
2．行政処分たる当該行為の取消し又は無効確認の請求
3．当該執行機関又は職員に対する当該怠る事実の違法確認の請求
4．当該職員又は当該行為若しくは怠る事実に係る相手方に損害賠償又は不当利得返還の請求をすることを当該普通地方公共団体の執行機関又は職員に対して求める請求。ただし、当該職員又は当該行為若しくは怠る事実に係る相手方が第243条の2第3項の規定による賠償の命令の対象となる者である場合にあつては、当該賠償の命令をすることを求める請求

2　住民訴訟制度による公営企業の経営責任の追及の意義と諸相

⑴　住民訴訟制度の意義

　　住民訴訟制度は財務会計行為を直接の対象とするものである。住民監査請求については、「自治体の違法不当な財務会計上の処理を、自治体の内部における自主的規律に委ねることでは十分ではなく、住民が監査を求めることによって、監査委員が事実を探求し、適切な判断を経て是正等を図ることに、大いに意義がある」*と考えられる。

　　また、住民訴訟は、原告が自らの権利利益の侵害からの救済を求めるという前提を要さず、地方自治法を根拠として、住民たる資格によって自治体の適正な運営の確保を目的として提訴できる客観訴訟に分類される**。

　　その手法としては、1で述べたように、公営企業自身あるいはその機関による不適切な財務会計行為を対象とするルート（①→⑵）と、不適切な経営による損失等の補填のために、自治体が当該企業へ公金を支出する局面を対象とするルート（②→⑶）がありうる***。なお、一般会計からの繰入れ等と公営企業自体の支出との関連性が強い場合には、①②双方のルートについて提訴することもありうる。このような場合には、それぞれの違法性は同一ではなく、双方に固有の法規範違背がありうるであろう。また、「一般会計から特別会計への支出が違法であるからといって、当然には特別会計からの支出が違法になるものではないから、特別会計からの支出をとらえて住民訴訟を提起すれば足るといえるものでもな」いとされた事例もある（名古屋高判平成12・7・13判タ1088号146頁）。

　　住民訴訟制度について、公営企業の経営責任の追及という機能に着目する場合には、自治体の一般行政部門に比して公営企業が有する二つの独自性に留意するべきである。第一は組織的独立性、第二は経済性（独立採算制）の原則である（詳細は 第2章 ）。

　　組織的独立性とは、管理者制度が採られており、管理者には代表権も含む広範な権限と責任が付与され、一定の身分保障（地方公営企業法7条の2、地方公務員法3条3項1号の2））が規定されていることを指す。このことから、管理者には自治体における執行機関の長と同様な権限があり、財務会計行為上の責任も同様に負うこととなる。地方自治法242の2第1項4号の類型による場合には、「職員」として個人的に賠償責任を負うことに

*碓井・前掲書（2002年）38頁。

**わが国の裁判制度は、原則的には、当事者間の具体的な権利義務ないし法律関係の存否に関する紛争、を対象とする（裁判所法3条1項）。

***これに対して、地方公社や第三セクターの場合は、自治体とは別個の法人であるため、①は対象とはならない。

もなろう。しかし、他方で、経営悪化に際しては、税金投入の必要があり
うる。自治体の長に対して補助機関たる地位に置かれているのは、そのた
めであるとされる＊。

＊細谷・図
解地公企法
41頁。

　経済性の原則とは、特別会計を設け、同会計における独立採算を原則と
し、その例外として、一定の理由によってのみ一般会計からの繰入れ等、
税金の投入が認められるという仕組み（地方公営企業法17条の2など）を
いう。公営企業の主たる業務はサービスの提供であり、その原資は、原則、
使用料等収入によるべきであることから、再生産的・独立採算的という企
業的仕組みを採用したとされる。

　これらの点に着目すると、まず、組織的独立性からは、①ルートにおい
て管理者に責任が集中し、自治体の長については、公営企業への繰入れ等
の局面（②ルート）にその責任が限定されることが想定される。

　また、経済性の原則からは、管理者には、経営判断による広範な裁量が
認められるものと考えられ、むしろ、責任を軽減する要素となりうるだろ
うが（①ルート）、それも、企業経営が破綻しないことを前提にした限定
的な範囲においてのものであろうし、もとより財務会計法規に明確に反す
るような公金支出等は許容されない。結果的に、経営が破綻するに至るよ
うな場合には、上述の裁量権についての逸脱濫用が問われうる（①ルート）
と同時に、その補填等の対策の局面において自治体の側の責任も問われう
る（②ルート）。

⑵　公営企業自体の財務会計行為を対象とする事例（①ルート）

　住民訴訟の被告は「執行機関または職員」等＊＊であるが、公営企業の
場合は、被告としての管理者へ責任が集中することになる。最判平成3・
12・20民集45巻9号1455頁［大阪府水道部宴会接待費住民訴訟上告審］
は、管理者は、「公営企業の業務の執行に関し、当該地方公共団体を代表
する者であり、種々の財務会計上の行為を行う権限を法令上本来的に有す
るものとされている（地方公営企業法8条、9条）ことからすると、**地方公
営企業の業務の執行に関しては、普通地方公共団体における長と同視すべ
き地位にあるものとみるべきである**（同法34条参照）」とし、また、（訓令
等の明確な定めにより）「その権限に属する一定の範囲の財務会計上の行為
をあらかじめ特定の補助職員に専決させることとしている場合であっても、
地方公営企業法上、右財務会計上の行為を行う権限を法令上本来的に有す

＊＊ただし、
第2号請求
の場合に限
っては、自
治体そのも
のが被告と
なる。

るものとされている以上、……法242条の2第1項4号にいう「当該職員」
に該当する」とした。

　しかしながら、管理者の経営判断においては**広範な裁量**も認められうる。
その肯定例として、名古屋地判昭和59・9・21行集35巻9号1379頁は、
財産取得について、地方公営企業法により、「企業経営という見地からす
る大幅な裁量が認められ」、当該取得が「経営上明らかに不必要なもので
あるとか」、代価に対して「対価性を有しないなどの特段の事情」が認め
られない限り違法とはいえないとした。

　他方、財務会計法規等の規定に明確に違背するような支出については、
裁判所は行政裁量を考慮する必要はないはずである。

　最判平成28・7・15判時2316号53頁②事件［鳴門市競艇従事員共済会
への補助金違法支出損害賠償等請求事件第一次上告審］は、公営企業の日々
雇用職員に対する実質的に退職手当に相当する金員を条例制定によらず
「離職せん別金」を名目として共済会を経由して支給することを目的とし
た補助金の支出について、**給与条例主義**（地方自治法204条、地方公営企業
法38条4項）**を潜脱する**ものであり違法であるとした。

　これに対して、特殊勤務手当の一つであるとして新たな手当を条例制定
によらずに創設、支給したことについて、給与条例主義の公営企業につい
ての緩和＊（詳細は　第14章　）等公営企業特有の事情を勘案して適法とし
た例がある（東京地判平成10・6・29判自188号35頁。また、高松地判平成
11・7・19裁判所HPも参照）。

(3)　公営企業への繰入れ等を対象とする事例（②ルート）

　地方財政法6条は、公営企業について、原則、経営に伴う収入によって
その経費をまかなうこと、例外として、当該収入をもって充てることが適
当でない経費またはそれが客観的に困難なもの（柱書）、そして、災害そ
の他特別の事情がある場合で議決を経た場合（ただし書）の一般会計から
の繰入ついて規定している。また、地方公営企業法は、一般会計からの
繰入れ（17条の2）、補助（17条の3）、出資（18条）や、その要件について
規定しており、②ルートにおいて、独立採算の原則の例外としてのこれら
繰入れ等が、各条所定の要件を満たすかが問題となりうる。

　繰入れについて、大分地判昭和58・1・24行集34巻1号71頁［公設地
方卸売市場開設事業差止請求事件］は、市場開設事業に必要な資金を充て

＊公営企業
職員の給与
については、
条例におい
ては、その
種類・支給
基準のみを
定めるべき
とされる
（地方公営
企業法38条
4項）。

る地方債の償還金を賄うための繰入れについて、住民が受益者であること、市場業者から徴収した場合は経営悪化により取引価格に転嫁されるなど市場事業の特殊性を挙げて適法とした（その控訴審福岡高判昭和58・9・28行集34巻9号1497頁なども同旨）。

　補助金について、秋田地判平成9・3・21判時1667号23頁［秋田県・秋田市工業用水道料金補助・産廃処分場許可事件］では、「（地方公営企業）法17条の3にいう「特別の理由」とは、災害の復旧に準じるような公営企業外の要因又は要請があるために、……独立採算制、受益者負担の原則又は料金決定原則という法の諸原則を維持しながら所要経費をまかなうことが客観的に困難又は不適当な場合をいうが、当該事案が右の場合に当たるか否かは、具体的事案により個別の検討を要するものであり、当該補助を必要とするに至った理由を中心に、補助が達成しようとする直接の目的、補助の規模及び態様、これらと独立採算制等の諸原則との乖離の程度、当該補助の諸効果、受水企業に関する事情（負担能力等）等の諸般の事情を相関的に考慮して判断すべきである。」とし、本件事例において、「大王製紙の誘致を容易、円滑ならしめるため第二工業用水道の実質的な料金引き下げを目的として秋田県一般会計から秋田県工業用水道事業会計（特別会計）」への補助について、「法17条の3の「特別の理由」という要件を満たさないとまではいえないが、本件補助の目的が、独立採算制、受益者負担及び料金決定の諸原則から大きく乖離した本件負担価格12円50銭を達成させることにあることに加えて、本件補助の期間、金額、態様及び諸効果、受水企業の負担能力等についての前記の検討結果をも総合考慮すると、大王製紙に供給する第二工業用水の本件負担価格12円50銭を達成するための本件補助」「のうち、第二工業用水道の専用施設費のうち30万トン分の支払利息分に対応する部分の補助」等について、「右「特別の理由により必要がある場合」には当たらない」とした。

　公営企業が経営破綻の危機にある場合において、自治体がその救済策として様々な形で公金を投入し、それが違法と考えられることもありえようが、この問題については、個々の公営企業特有の事情やその有する意義、更に経営再建制度との関係もあり、紙幅が尽きつつある本章において立入って言及するのは妥当とはいえまい。

（和泉田保一）

第5章　経営責任と損害賠償

公営企業職員の賠償責任のうち、特に会計職員等および予算執行職員等に固有の賠償責任について概観する。

1　はじめに

　不法行為によって他人に損害を発生させた者は、その損害を賠償する責任を負う。公営企業職員の不法行為に関連して想定される損害賠償責任は、大別して2パターンある。第1に、職員の不法行為によって損害を被った地方公営企業の経営主体である地方公共団体が当該職員に賠償を求める場合、第2に、職員の不法行為によって損害を被った被害者が地方公共団体に賠償を求める場合である。本章では、前者の賠償責任について概説する（後者の賠償責任については 第15章 ）。

2　公営企業職員の賠償責任

(1)　公営企業職員の賠償責任をめぐる法的仕組み

　例えば、公営企業職員が公金を不正に使用した場合、当該職員は故意または過失によって地方公営企業の財産権を侵害したとして、民法709条に基づく損害賠償責任を負うことになる。もっとも、そのような不正が組織的になされていた状況では、地方公共団体が損害賠償請求権を行使することはあまり期待できない。このような場合には、住民監査請求・住民訴訟を活用して賠償責任を追及することになる（ 第4章 ）。

　これとは別に、**地方公営企業法34条は、会計職員等＊および予算執行職員等＊＊の賠償責任について定めた地方自治法243条の2の2を準用しており、その第1項が適用される場合、民法の規定は適用されない**（地方自治法243条の2の2第14項）。したがって、公営企業職員のうち会計職員等および予算執行職員等の賠償責任については、民法709条ではなく地方自治法243条の2の2第1項の賠償責任規定が重要となる。

> **民法 709 条**
> 故意又は過失によって他人の権利又は法律上保護される利益を侵害した者は、これによって生じた損害を賠償する責任を負う。
> **地方公営企業法 34 条**
> 地方自治法第 243 条の 2 の 2 の規定は、地方公営企業の業務に従事する職員の賠償責任について準用する。（後略）
> **地方自治法 243 条の 2 の 2 第 14 項**
> 第 1 項の規定により損害を賠償しなければならない場合には、同項の職員の賠償責任については、賠償責任に関する民法の規定は、適用しない。

(2)　会計職員等および予算執行職員等の賠償責任

　地方自治法 243 条の 2 の 2 第 1 項は、前段で会計職員等の賠償責任、後段で予算執行職員等の賠償責任について定めている。

> **地方公営企業法 34 条によって読み替えた地方自治法 243 条の 2 の 2 第 1 項***
> 会計管理者若しくは会計管理者の事務を補助する職員、資金前渡を受けた職員、占有動産を保管している職員又は物品を使用している職員が故意又は重大な過失（現金については、故意又は過失）により、その保管に係る現金、有価証券、物品（基金に属する動産を含む。）若しくは占有動産又はその使用に係る物品を亡失し、又は損傷したときは、これによって生じた損害を賠償しなければならない。次に掲げる行為をする権限を有する職員又はその権限に属する事務を直接補助する職員で普通地方公共団体の規則又は<u>企業管理規程</u>で指定したものが故意又は重大な過失により法令の規定に違反して当該行為をしたこと又は怠ったことにより普通地方公共団体に損害を与えたときも、同様とする。
> 一　支出負担行為
> 二　第 232 条の 4 第 1 項の命令又は同条第 2 項の確認
> 三　支出又は支払
> 四　第 234 条の 2 第 1 項の監督又は検査

> *下線は、地方公営企業法34条による読替部分。以下、この章において同じ。

表　会計職員等および予算執行職員等の賠償責任の成立要件

	賠償責任の成立要件
会計職員等	①保管にかかる現金、有価証券、物品（基金に属する動産を含む）もしくは占有動産またはその使用に係る物品を亡失または損傷したこと ②故意または重過失（現金については、故意または過失） ③上記①と損害発生に因果関係があること

予算執行職員等	①法令の規定に違反して、予算執行行為（支出負担行為、支出命令、支出負担行為にかかる確認、支出・支払、契約締結にかかる監督・検査）をした、または怠ったこと ②故意または重過失 ③上記①と損害発生に因果関係があること

　民法709条と比較すると、**地方自治法243条の2の2第1項は、賠償責任の成立を故意・重過失のある場合に限定している**点で特徴的である。重過失とは、はなはだしく注意義務を欠くことをいい、わずかな注意さえすれば結果を予測し、これを未然に防止するための措置を講ずることができるにもかかわらず、これを怠った状態を指す＊。会計職員等と予算執行職員等の賠償責任が過失責任ではなく重過失責任とされたのは、これらの職員が担当する職務の特殊性に鑑み、賠償責任の成立要件を限定することで、萎縮することなく積極的に職務を遂行できるようにするためである＊＊。

　ただし、**現金の亡失については、軽過失でも賠償責任が成立する**点には注意を要する。これは、物品は多種多様であってその価値に比して物量が大きく、また使用または処分目的のための移動も活発であるうえに保管施設も整備不十分であることもあるため、軽過失のあった場合にまで賠償責任を負わせるのは酷であるのに対して、現金の場合にはそのような事情はない等の理由によるものである＊＊＊。

　⑶　賠償手続

　さらに、地方自治法243条の2の2は、特殊な賠償手続を設けている。すなわち、**会計職員等および予算執行職員等の賠償責任は、監査委員の決定に基づく管理者の賠償命令をもって追及されることとなる**（3項）。これは、地方公共団体内部の賠償問題について簡便な方法を設けることで、損害補填を容易にしようとする趣旨によるものである＊＊＊＊。

地方公営企業法34条によって読み替えた地方自治法243条の2の2第3項

管理者〔管理者が置かれていない場合は、普通地方公共団体の長〕は、第1項の職員が同項に規定する行為により当該普通地方公共団体に損害を与えたと認めるときは、監査委員に対し、その事実があるかどうかを監査し、賠償責任の有無及び賠償額を決定することを求め、その決定に基づき、期限を定めて賠償を命じなければならない。

＊松本英昭『新版逐条解説地方自治法〔第9次改訂版〕』（学陽書房、2017年）1085頁。最判平成20・11・27判時2028号26頁参照。

＊＊最判昭和61・2・27民集40巻1号88頁。

＊＊＊松本・前掲書1085頁。

＊＊＊＊最判昭和61・2・27民集40巻1号88頁。

⑷　賠償責任の免除

　地方自治法243条の2の2第8項は、賠償責任の免除についても定めている。

> **地方公営企業法34条によって読み替えた地方自治法243条の2の2第8項**
> 第3項の規定により監査委員が賠償責任があると決定した場合において、<u>管理者</u>〔管理者が置かれていない場合は、普通地方公共団体の長〕は、当該職員からなされた当該損害が避けることのできない事故その他やむを得ない事情によるものであることの証明を相当と認めるときは、<u>条例で定める場合には議会の同意を得て</u>、賠償責任の全部又は一部を免除することができる。（後略）

　同項が「条例で定める場合には議会の同意を得て」賠償責任を免除できるとしていることの反対解釈として、**条例で定める場合以外の場合には、管理者のみで賠償責任を免除することができる**と解される。地方公営企業においては、現金の不突合をはじめ賠償責任を伴う問題が必然的かつ日常的に発生しうるところ、それは企業活動を行ううえである程度やむを得ない性格を有するものであることから、企業の能率的運営を確保するために、管理者限りでの弾力的処理を可能にしているのである*。

　実際の条例をみると、そのほとんどが賠償額が所定の金額を超える場合に議会の同意を要するとしている（一部、賠償額の多寡にかかわらず、すべての場合に議会の同意を要するとしているものもある。恵庭市公営企業の設置等に関する条例6条1項参照）。基準額には（おそらくは地方公営企業の規模に応じて）かなりの幅がみられ、1万円のところもあれば500万円のところもあるが、10万円ないし100万円に設定している条例が大半のようである。

　*関根則之『地方公営企業法逐条解説〔改訂9版〕』（地方財務協会、1998年）359、362頁。

> **鳴門市公営企業の設置等に関する条例8条**
> 〔地方公営企業〕法第34条において準用する地方自治法……第243条の2の2第8項の規定により公営企業の業務に従事する職員の賠償責任の免除について議会の同意を得なければならない場合は、当該賠償責任に係る賠償額が10万円以上である場合とする。

3　公務員賠償責任保険制度

　これまで述べてきたとおり、公営企業職員の職務には民法709条または地方自治法243条の2の2に基づく賠償責任のリスクが伴う（その他、民法715条3項または国家賠償法1条2項に基づく求償のリスク（ 第15章 ）もある）。賠償責任リスクへの対策としては、保険の活用が考えられる。例えば、自治労共済生協は、公営企業職員も加入対象とした公務員賠償責任保険制度を置いている。

（近藤卓也）

第6章　独占禁止法の適用①
── 適用に関する課題

公営企業は公の利益のために地方公共団体が主体となって経営される企業であるが、民間の事業者（営利法人）と同様に、市場における取引を通じて経済的な給付を行う存在であり、事業者として独占禁止法の適用対象となりうる。特に、補助金の給付によって低廉な価格設定が可能になり、競合する民間事業者の事業活動が困難になる場合には不当廉売として独禁法違反となりうる。

独占禁止法1条
この法律は、私的独占、不当な取引制限及び不公正な取引方法を禁止し、事業支配力の過度の集中を防止して、結合、協定等の方法による生産、販売、価格、技術等の不当な制限その他一切の事業活動の不当な拘束を排除することにより、公正且つ自由な競争を促進し、事業者の創意を発揮させ、事業活動を盛んにし、雇傭及び国民実所得の水準を高め、以て、一般消費者の利益を確保するとともに、国民経済の民主的で健全な発達を促進することを目的とする。
同法3条
事業者は、私的独占又は不当な取引制限をしてはならない。
同法19条
事業者は、不公正な取引方法を用いてはならない。

1　独占禁止法の目的（概説）

独占禁止法1条では、一般消費者の利益を確保し、国民経済の民主的で健全な発達を促進するという究極の目的を達成するために、**公正かつ自由な競争**を促進するという同法の直接目的を掲げ、目的達成の手段として、**私的独占、不当な取引制限**、および**不公正な取引方法**という、事業活動の不当な拘束につながる3つの行為を禁止している*。この**一般消費者の利益確保**という文言は、独占禁止法に限らず、他の多くの事業監督法規（業法）の目的規定でも採用されている。市場経済の基本的ルールを定め、経済憲法とも呼ばれる独占禁止法においても、一般消費者の利益を保護することは重要な目的であり、独占禁止法は、市場における**公正かつ自由な競**

＊独占禁止法1条に掲げるこれらの行為は実体規定の3本柱とも呼ばれている。**私的独占**は、他の事業者の事業活動の継続を困難にしたり、新規参入を排除したりする行為等によって、**不当な取引制限**は、価格協定や取引の相手方の競合を回避する市場分割、**入札談合**（→ 第7章）等によって、一定の取引分野における競争を実質的に制限する行為である。**不公正な取引方法**は、取引拒絶や不当廉売（→2(2)）等を通じて公正な競争を阻害するおそれのある行為を問題とする。

争を促進することによってその目的を達成しようとしている。公営企業は利潤の追求を第1の目的とするものではないが、後述するように、市場における取引を通じて経済的な給付を行う存在であり、市場における**公正な競争秩序**を侵害するような行為は、独占禁止法による規制の対象となりうる。

2　地方公営企業に対する独占禁止法の適用

(1)　事業者性

> **独占禁止法2条1項**
> この法律において「事業者」とは、商業、工業、金融業その他の事業を行う者をいう。事業者の利益のためにする行為を行う役員、従業員、代理人その他の者は、次項又は第3章の規定の適用については、これを事業者とみなす。

　独占禁止法の適用対象となる**事業者**として、商業、工業、金融業と具体的な例示に加えて、「その他の事業」を営む者をあげる。独占禁止法2条1項にいう「事業」とは、後述する都営と畜場事件最高裁判決（→3(1)）によれば、「**何らかの経済的利益の供給に対応し、反対給付を反復継続して受ける経済活動**」を指し、その主体の法的性格は問わないものとされている。そこで、法人格の有無を問わず、自然人、法人のいずれもが事業者に含まれうることとなる。さらに、独占禁止法2条1項の「事業」は商法上の商行為とは異なって**営利性**は必要とされておらず、「**事業者**」は商法上の商人のように営利を目的とする主体にも限定されない。そこで、NPO活動等営利を目的としない活動を行う者であっても、何らかの対価を受領していれば、給付と反対給付（対価）が均衡していなくても、独占禁止法上の「**事業者**」に該当することとなる。また、一方的な給付のみを行い反対給付を受けない場合（無償での役務の提供等）であったとしても、有償での供給の準備期間として無償で行われた福祉バスの運行について、独占禁止法の**不当廉売規制**（→2(2)）を受ける可能性があると判示した事例（山口地下関支判平成18・1・16公正取引委員会審決集52巻918頁［下関市福祉バス事件]）がある。

(2)　不当廉売

> **独占禁止法2条9項**
> この法律において「不公正な取引方法」とは、次の各号のいずれかに該当する行為をいう。
> （1号・2号省略）
> 三　正当な理由がないのに、商品又は役務をその供給に要する費用を著しく下回る対価で継続して供給することであつて、他の事業者の事業活動を困難にさせるおそれがあるもの

　安い価格で販売することは独占禁止法が目的とする「**公正かつ自由な競争の促進**」や「**一般消費者の利益の確保**」に資するもののように見えるだろう。しかし、公正取引委員会が公表している指針*によれば、商品の供給が増大するにつれ損失が拡大するような価格設定行動は、特段の事情がない限り、経済合理性のないものであって、「その**供給に要する費用****を著しく下回る対価」での供給は、そのような低価格での販売がそれ自体としては当該事業者の利益にはならず、採算を度外視した行為と評価することができる。このように、他の商品の供給による利益その他の資金（公営企業の場合、**補助金**が該当する可能性がある）を投入するのでなければ供給を継続することができないような低価格は、企業努力を反映したものとはいえず、このような価格を設定することによって競争者の顧客を獲得するような行為は、廉売を行っている事業者と同程度に効率的な事業者の事業活動の継続を困難にして、**公正な競争秩序**に悪影響を及ぼす可能性がある。

　地方公営企業は民間企業とは異なり、営利を追求するものではない。そこで、**補助金**の投入などによって消費者に対して低廉な価格を設定して商品を供給したり役務を提供したりすることが可能になる反面、当該公営企業の活動が民間の事業者と市場において競合するとき、独占禁止法上の問題（**不当廉売**）が生じる可能性がある（→入札談合については **第7章** を参照）。

＊「不当廉売に関する独占禁止法上の考え方」（最終改正平成29年6月16日）。

＊＊「供給に要する費用」とは、対象商品の供給に要するすべての費用を合計した総販売原価をいうとされる。

3　公営企業に対して独占禁止法を適用する事例

⑴　都営と畜場事件（最判平成元年 12 月 14 日公正取引委員会審決集 36 巻
　　570 頁［都営と畜場事件］）

事実の概要

　東京都は芝浦と畜場を運営しており、東京都内で一日あたり牛馬 10 頭以上の処理能力を有する一般と畜場は、芝浦と畜場のほかに荒川区で民間事業者が営む三河島ミートプラントのみであった。しかし、関東、東北地区には、この両者と同一規模の一般と畜場が 59 存在しており、芝浦と畜場および三河島ミートプラントはこれらのと畜場と競争関係にあるとされた。

　東京都は、と場料からの収入だけでなく、一般会計からの補助金を受けてと畜場を運営しており、そのと場料は、昭和 40 年度以降継続して原価を大幅に下回っていた。これに対して、と場料収入のみで三河島ミートプラントを運営する民間事業者は、東京都によると畜場サービスの提供は、原価を大きく下回る料金によるものであり、不当廉売にあたるとして、（平成 18 年改正前）民法 44 条または同 709 条に基づき、損害賠償を請求した。

　最高裁判所の判示は以下のようなものであった。東京都が、長期間にわたって都営芝浦と畜場でのと場料を、認可額どおりとはいえ、原価を下回るような低廉な水準に抑えていた理由として、と場料の値上げによって、都営芝浦と畜場への集荷量が減少し、食肉市場の卸売価格ひいては都民に対する食肉の小売価格が高騰する可能性があることから、このような事態を回避し、集荷量を確保することによって食肉の価格の安定を図るという政策目的を達成することがあったとされている。東京都は、と畜場の赤字経営の防止よりも物価抑制策を優先させることとして、東京都一般会計からの**補助金**によって都営芝浦と畜場の赤字を補填してきた。このように、認可を受けた料金の範囲内であっても、**原価（供給に要する費用）を著しく下回る供給**によって他の事業者の事業活動を困難にするような場合には、独占禁止法違反（**不当廉売→2⑵**）となる可能性があり、**公営企業である**と畜場の事業主体が、特定の政策目的からこのような廉売を行ったというだけでは、**公正な競争を阻害するおそれ**がないとまではいえない。したがって、独占禁止法違反となる可能性も否定できない。

　ただし、本件では、と畜場事業の競争関係の実態などを総合的に勘案し

て、東京都の行為は公正な競争を阻害するおそれがあるとはいえず、独占
禁止法違反にはあたらないと結論付けている。

(2)　相談事例集＊より

公正取引委員会は、地方公共団体職員が各種の施策・事業を検討・実施
する際に参照できるように、競争対政および独占禁止法の考え方を示した
ハンドブックを公表している。その第 2 章では地方公共団体からの相談事
例に対する回答を紹介している。

＊『地方公共団体職員のための競争政策・独占禁止法ハンドブック』(令和 3 年12月版)

> **相談の要旨**
> 　J市は，都市ガス事業を営むとともに、都市ガス用のコージェネを販売している。J市において、都市ガス用のコージェネの販売は、J市以外の民間の事業者も行っている。このような状況の下、今般、J市は，地球温暖化対策の一環としてコージェネの普及・促進を図るため、コージェネを購入する一般消費者に対して助成金を支給することを検討しており、当該助成金の支給対象者をJ市からコージェネを購入する都市ガス利用者に限定したいと考えている。

地方公共団体からの相談に対する公正取引委員会の回答は下記のとおり
である。

市が**補助金**を支給する場合に、その対象や支給の条件をどのように設定
するかについては、当該補助金の政策目的に基づく市の判断に委ねられて
いるが、補助金の制度設計や運用の方法によって、特定の事業者が著しく
有利な競争条件を有することとなる場合は、市場における競争を歪め、そ
の結果として価格やサービスの面で市民に不利益を与えることとなるおそ
れがあるため、競争政策上は望ましくない。

この事例でJ市は、一般消費者に対して、補助金の額を値引きした価格
でコージェネを販売しているとみるのが適当である。このことにより、補
助金の対象となっているJ市が、コージェネの販売に関して、民間の販売
事業者に比べて著しく有利となり、コージェネ販売市場における競争を歪
めることとなる。他方、J市がコージェネの普及・促進を目的として補助
金を交付するのは環境負荷の軽減を目的とするものであり、その対象範囲
をJ市からコージェネを購入する者に限定する理由や必要性は示されてい
ない。

したがって、J市のコージェネの販売価格から**補助金**の額を差し引いた

金額が、J市のコージェネの供給に要する費用（原価）を著しく下回っている場合には、**不当廉売**に該当し、独占禁止法上問題となるおそれがある。

4　小　　括

　地方自治体が何らかの公益目的を達成するために**補助金**を投入する場合、営利の追求を第1の目的とはしない公営企業に対して赤字補填のために行うものや（→3⑴都営と畜場事件）、購入者である住民に対して、競合する民間事業者ではなく公営企業を選択するインセンティブを与えるもの（→3⑵相談事例集より）が想定される。このような場合には、独立採算となる民間事業者とは異なり、低廉な価格で商品や役務の提供が可能になる反面、供給に要する費用を著しく下回るような価格付けは当該公営企業の効率性を反映したものではなく、**公正な競争秩序**を侵害するときには、独占禁止法違反となる可能性がある。

　また、競合する民間事業者が存在するような商品や役務の提供とは異なり、**公共の福祉**のために採算がとれない状況であってもサービスの提供を継続することを予定した事業（上下水道のような生活インフラ、公営の病院、福祉施設等）や、無償での役務の提供（「反対給付を反復継続して受ける経済活動」には該当しないと解されていた。→2⑴事業者性）については、**正当な事由**があるものとして独占禁止法違反を否定することができるか、さらに検討する余地があろう。

（山本裕子）

第7章　独占禁止法の適用②
―― 入札関係等に関する課題

政府（政府・地方公共団体等）の重要な役割の１つに公益的サービスの提供があり、公益的サービスの提供は、政府・地方自治体だけでなく、いわゆる公営企業も担うことになる。国民に対する公益的サービスを提供するために必要な財・サービスを調達する公共調達制度については、会計法、地方自治法その他各根拠法等に基づき、価格を評価基準とした一般競争入札が原則とされ、例外的に一定の場合に指名競争入札又は随意契約を行うことが認められる。このように、公共調達の市場は、法律に基づいて成立しており、この公益的サービスの提供に際しては、多数の売手と買手群の相互作用として機能する一般的な市場が存在しないことが特徴である。公共調達制度の特殊性を考慮しながら、公共入札に対する独占禁止法等の適用について検討する。

1　公共調達制度の概要

　公共調達制度における一般競争契約及び指名競争契約は競争的調達方式であり、随意契約は非競争的調達方法である。一般競争入札では入札参加資格を設けることが可能であり（会計法 29 条の 3 第 2 項）、実務上、財務的な資格、実績などの一定の資格が定められていることが一般的に行われており、誰でも入札に参加できるわけではない。

　入札資格者をあらかじめ選定する指名競争入札は、制度的には、一定の限定された場合にのみ行うことが認められている。すなわち、競争に加わるべきものが少数で一般競争入札に付す必要がない場合、一般競争入札に付すことが不利と認められる場合、予定価格が少額である場合その他政令で定める場合である。「一般競争契約に付すことが不利な場合」とは、「一般競争入札による落札者では品質確保や確実な施工の担保が十分ではなく、不良・不適格業者の排除が困難であること」を指すと解することにより、この点に利点が見出され、指名競争入札が採用されていることが多いという実態がある。他方、指名競争入札には、指名のプロセスが不透明であること、指名された事業者の入札意欲が勘案されないことによる参加者の辞退、入札参加者の数が限定され、かつ固定化されやすいという消極的側面

がある。指名競争入札においては、入札参加者が特定の事業者に限られており、談合を容易にするリスクがあることは留意すべきである。

2　談合と独占禁止法

　入札談合は、入札参加者が話し合い等によって事前に受注予定者を決定し、この者が落札できるように他の者が協力するという、入札参加者間での受注価格の調整である。これによって、国・地方公共団体である発注者は、入札談合がなかった場合よりも、高い金額で契約を締結することになる。これは、一般的にカルテルと称される不当な取引制限の類型に属する行為であり、不当な取引制限の禁止要件に該当すれば、独占禁止法違反となる。独占禁止法上の不当な取引制限が成立するには、①複数の事業者が、②共同して、相互に事業活動を拘束（「相互拘束」）し、または遂行することにより、③公共の利益に反して、一定の取引分野における競争を実質的に制限することが必要である。以下、これらの要件は談合との関係でどのように理解されるのかを検討する。

　(1)　談合における「相互拘束」「共同性」

　「不当な取引制限」というのは、共同行為であることを本質とする。共同行為は、外形的に一斉に価格が引き上げられたという行為の一致という事実があるだけでは不十分とされており、何らかの合意によって（共同性）、入札参加者の事業活動が拘束を受け（相互拘束）、入札市場における競争を実質的に制限することが必要である。

　入札談合は2段階の合意から構成され、すなわち基本合意（談合を行うことを決定し、どのように受注予定者・価格を決定するかという基本ルール）と個別合意（入札毎に基本合意を適用し、受注予定者を決定し他の者が協力する具体的な調整行為）である。公正取引委員会の運用では、もっぱら「基本合意」をもって②にいう「相互拘束」を認定している。談合の基本ルールを定めているのが「基本合意」であり、談合の根幹をなしている「基本合意」を解消する必要があるからである。もっとも、入札談合のケースによっては、「基本合意」が相当以前に形成されて内容が不明確な場合、入札毎に合意された個別合意に基づく談合から基本合意の存在を推認することも可能である。いずれにしても、このような取決めがなされた時は、参加者の意思決定はこれによって制約されるのであり、事業活動が事実上拘

束されることになるのである。

⑵ 一定の取引分野における競争の実質的制限

③にいう競争制限については、一定の取引分野すなわち市場を前提とする。公共調達・入札を対象とする談合では、発注者毎に一定の取引分野が成立することを特徴とする。また、一回限りの個別入札について、公共入札において単一の買手を対象として市場が認められ、当該入札物件にかかる取引分野が成立すると解することも可能である。

競争の実質的制限は、入札談合の場合、当事者である事業者らが、その意思である程度自由に当該入札市場における落札者及び落札価格を左右することができる状態をもたらすことを意味する。競争制限が認められるかどうかは、当事者の市場シェアの多寡が重要な手がかりとなる。談合の場合には、入札参加者の全てが談合当事者である必要はなく、また、関連する全ての個別入札で談合当事者が受注している必要はない。具体的事例において、相当数の受注予定者等が落札していることや落札率が恒常的に高いことが考慮され、競争制限的効果を認定しうる場合がある。

3 官製談合の問題

公共入札制度の特徴は、単一の発注者であることである。このような立場は、いわば買手独占として取引上強い地位に連なる可能性が高いことが、一般的なカルテルと異なることに留意すべきである。発注者がこのような地位を利用して、受注希望者である入札参加者の談合に関与したり、談合するように誘導したりする場合、発注者側の関与によって形成あるいは主導される官製談合として問題視されることになる。

このような公共入札における官製談合において、発注者である国や地方公共団体が事業者として捉えられ、独占禁止法違反に問うことは可能であろうか。

⑴ 官製談合と独占禁止法

①で示した通り、独占禁止法の規制対象は事業者である。事業者とは、「商業、工業、金融業の事業を行う者」と定義され、国や地方公共団体も、その行為が事業に該当する場合には事業者となる。

官製談合における発注者の関与の仕方・動機は様々である。すなわち、発注者が組織として行う場合や発注担当の職員、地方公共団体の長、政治

家が行う場合などがあり、また、官製談合においては発注者としての官と
受注者側の事業者双方にとって一方に利益がある場合、双方に利益がある
場合などがあろう。いずれにしても、社会全体としては望ましくないこと
であり、発注者が入札を主導して調達を行うことは、もとより法が求める
競争入札を実質的に損なうものである。さらに、独占禁止法の観点からも、
談合の成立に発注者が決定的な役割を果たすような場合を念頭におけば、
自由かつ公正な競争を侵害し、最終的に国民に不当な不利益を与えている
と捉えられ、発注者も独占禁止法違反の当事者とすべきであることは、説
得的な議論であると思われる。しかし、従来のケースで、発注者が独禁法
違反に問われたケースはない。

(2)　入札談合等関与行為防止法にいう関与行為

従来、官製談合における発注者に対しては、独占禁止法が適用されるの
ではなく、2002年に制定された入札談合等関与行為の排除及び防止に関
する法律（入札談合等関与行為防止法）が、適用されている。同法の対象は、
国・地方公共団体、特殊法人となる。規制対象となる関与行為として、談
合行為を行わせること、意向の教示、発注に係る秘密情報の漏洩、入札談
合の幇助が挙げられている。

①　情報の提供

一例として、総合評価落札方式による一般競争入札において、発注者の
職員等が、入札参加者の名称、入札参加者の評価点、予定価格等の未公開
情報を談合の当事者に教示すれば、関与行為にあたる。この情報の提供に
基づき、談合の当事者が受注予定者を決定するなど事業者間の談合を行う
場合、発注者の上記のような関与行為が入札価格の調整決定という談合を
容易にしたと言える。しかし、直接情報を提供した担当者である「職員」
に対しては、「事業」を行っていないので「事業者」に当たらず、独占禁
止法違反対象とすることは難しいであろう。談合当事者が主体的に談合を
実施しているという実態があるケースでは、談合当事者には独占禁止法違
反を問いつつ、同時に、発注者側の関与行為は、少なくとも入札談合等関
与防止法違反として措置をとることにならざるを得ない。

②　積極的な談合への関与

他方、発注者が組織的な行為として、指名競争入札の執行前に物件毎に
落札予定者を選定したり、落札金額を提示し、かつ入札参加事業者がそれ

に合わせて入札価格等の調整を行っていれば、発注者の行為は単なる関与行為の範疇を超えていると考えるべきである。このような場合、発注者が行う受注の配分は、談合当事者の合意を前提とする。ここから、発注者と受注者との利益は相互に一致し、相互にそれぞれの行動を制約している共通の認識があると理解することは可能であろう。発注者の受注配分と当事者の談合の関係は密接不可分であり、独占禁止法の違反行為者として、捉えられる可能性も今後は検討されるべき課題であろう。

4　公共調達制度の果たすべき役割と課題

公共調達は、公益的サービスを提供するためのプロセスである。その場合においても、公共調達は原則として競争入札制度に服することが原則であり、それに応じて独占禁止法の適用を受けることを前提とする。

他方で、公益的なサービスを提供するという要請から、公共入札制度は一般の経済的取引と異なる特性を示しているのも事実であり、このことが一因して、自由競争秩序が機能する余地が狭くなっている。すなわち、現実の地方公共団体の公共調達制度として、指名競争入札制度が実施されることが多く、入札参加者は地元の事業者・産業の保護、育成を重視した観点から指名されることが珍しくない。競争入札の実施に当たり、一定の条件を付すこと自体は独禁法上の問題ではなく、地元業者を指名業者とする必要性は合理的に説明されることが一般的であり、このこと自体に問題はない。もっとも、一般的な要請を超えて、受注業者に対して下請発注時に地元業者の利用を義務付けることは、受注事業者の自由な事業活動を制限することになろう（地方公共団体職員のための競争対策・独占禁止法ハンドブック・公正取引委員会令和3年12月）。さらに、入札が実施される段階では、予定価格の事前公表が行われるケースも増えており、加えて、低入札価格調査制度を含む最低制限価格制度が硬直的に運用されることも散見される。競争を前提とする公共調達制度としての入札は、地域産業の育成等の公共的政策とのバランスを図りつつも、可能な限り事業者の自由な事業活動を活用する制度設計が必要であり、独占禁止法が事後的にそれを担保することになるのである。

（柴田潤子）

第 2 部　公営企業の収入・会計実務

第 8 章　収入・会計実務の特徴の特徴（概要）

> ここでは、公営企業サービスの提供に伴う収入と合わせ、会計的な実務に関する課題を概観する。

1　公営企業経営に関する課題

　総務省の公表資料によると、全国の地方公営企業等における令和 4 年度の総収支は 8,126 億円の黒字であり、黒字事業は 6,973 事業、全体の 87.2％となっている。しかし、物価高騰による営業費用の増加等により、令和 3 年度と比べ黒字額は約 2,066 億円、20.3％ 減少している。

　今後、人口減少等に伴うサービス需要の変化や料金収入の減少、施設の老朽化に伴う更新費の増大等により、公営企業を取り巻く経営環境は、一層厳しくなる見込みである。こうした課題に対応し、各公営企業が将来に渡り、住民生活に必要なサービスを安定的に提供していくためには、中長期的な経営戦略の策定による経営基盤の強化とともに、経営比較分析等に取り組むことが重要である。

2　公営企業における収入

　公営企業経営に必要な経費は、独立採算の原則に基づき、基本的にサービスの対価である料金等によって賄われており、主な財源は料金、他会計繰入金、地方債の 3 つである。

　水道事業会計における主な収入は水道料金収入であるが、水道事業は人口が低密度の地域において料金回収率が低くなる傾向がある上に、将来需要の減少に伴い料金収入も減少する見通しであり、事業の広域化や民間活用等の経営改革の検討も課題となっている。

＊総務省HP令和 4 年度地方公営企業等決算の概要。同 3 年度資料。

＊＊「地方公営企業等の現状と課題」令和 5 年 7 月 27 日総務省資料。

＊＊＊同上・平成25年「公営企業の現状」総務省資料。

　また、一般会計繰入金は、性質上企業の経営に伴う収入をもって充てることが適当でない経費、その公営企業の性質上能率的な経営を行ってもなおその経営に伴う収入のみをもって充てることが客観的に困難であると認められる経費等について、一般会計等が負担するものである。例としては、公共の消防のための消火栓に要する経費が挙げられる＊。

＊地方公営企業法17条の 2

　さらに、地方債は地方公共団体が公営企業の建設、改良等に要する資金に充てるために起こすものであり、老朽化する施設の更新等の財源として活用されている＊＊。

＊＊地方財政法 5 条、地方公営企業法23条

　その他の財源として、国や都道府県からの補助金等が挙げられる。

3　公営企業会計における収支の整理

　公営企業会計は、事業ごとの財務状況を明らかにして経営するため、事業ごとに特別会計を設置している＊＊＊。

＊＊＊地方公営企業法17条

　官庁会計が現金の収入及び支出の事実に着目して経理する現金主義であるのに対し、**公営企業会計は、現金の収支の有無にかかわらず経済活動の発生という事実に基づいて経理を行う発生主義を採用している**（→ 第10章）。

　また、官庁会計では一切の収入を歳入、一切の支出を歳出としているのに対し、公営企業会計では、収入及び支出について、**当該事業年度の損益取引に基づく「収益的収支」と投下資本の増減に関する「資本的収支」に区分している**。

　収益的収支は、公営企業の一事業年度の経営活動に伴い発生した全ての収入とそれに対応する全ての支出である。地方公営企業法施行規則別記様式第 1 号の予算様式第 3 条に定められていることから、収益的収支を「3条予算」と呼ぶ。前述の公営企業の収入のうち、料金収入及び他会計繰入金は収益的収入、人件費や材料費等を収益的支出として処理する。

　一方、資本的収支は、公営企業の将来の経営活動に備えて行う建設改良及び建設改良に係る企業債償還金などの支出、またその財源となる収入で、貸借対照表の要素である。資本的収支を「3 条予算」と呼ぶのに対し、資本的収支を「4 条予算」と呼ぶ。支出が予算を上回ることが一般的であり、不足額には通常、収益的収支からの利益や損益勘定留保資金（減価償却費等）を充てる。企業債等は資本的収入、企業債元金償還金等は資本的支出とし

て処理する。

4　公営企業会計を適用する効果

　公営企業会計では、経営の効率化に重点を置いていることから、**予算とともに決算にも重点を置き、損益計算書、貸借対照表等の財務諸表を作成**している。損益計算書からは、毎年度の損益情報（営業損益、経常損益、当年度純損益）を、貸借対照表からは資産管理（資産や負債の規模）を把握することができ、自らの経営・資産等を見える化できる。また、決算情報と経営戦略の指標の比較や他団体との比較も可能となる。こうしたことにより、将来の料金改定や更新投資を見通した、安定した事業経営を行うことができる（→ 第11章 ）。

（秋元康子）

第 9 章　公営企業会計の原則

> 本章においては、まず、独立採算制の原則を取り上げ、次に、それを支えて
> いる特別会計の設置および公営企業会計の採用を取り上げる。また、公営企
> 業会計の下における予算・決算の位置づけおよび公営企業と地方議会の関係
> についても概説する。他方で、実際的な問題として、独立採算制の原則を堅
> 持することが困難な場合が多くあり、地方公営企業法が同原則からの乖離を
> 認めている例を説明する。

1　原則的ルール

(1)　はじめに

地方自治法 2 条 14 項
地方公共団体は、その事務を処理するに当たっては、住民の福祉の増進に努め
るとともに、最少の経費で最大の効果を挙げるようにしなければならない。
地方公営企業法 3 条
地方公営企業は、常に企業の経済性を発揮するとともに、その本来の目的で
ある公共の福祉を増進するように運営されなければならない。

　地方公営企業法はその 3 条により、地方公営企業に経済性を発揮するこ
とを求めている（地方自治法 2 条 14 項が定める最少経費最大効果原則も参照）。
その経済性を発揮するための手段が、独立採算制の原則（地方財政法 6 条、
地方公営企業法 17 条の 2）であり、それを制度的に支えているのが、特別
会計の設置（同法 17 条）および公営企業会計の採用（同法 20 条）である。
地方公営企業法が適用される地方公営企業はこの 3 つを備える必要がある。

　以下では、独立採算制の原則、特別会計の設置および公営企業会計の採
用を取り上げ、次に、公営企業会計の下における予算・決算の位置づけお
よび公営企業と地方議会の関係について概説する。

(2)　独立採算制の原則

地方財政法 6 条
公営企業で政令で定めるものについては、その経理は、特別会計を設けてこ
れを行い、その経費は、その性質上当該公営企業の経営に伴う収入をもって

充てることが適当でない経費及び当該公営企業の性質上能率的な経営を行
なってもなおその経営に伴う収入のみをもって充てることが客観的に困難で
あると認められる経費を除き、当該企業の経営に伴う収入（…）をもってこ
れに充てなければならない。但し、災害その他特別の事由がある場合におい
て議会の議決を経たときは、一般会計又は他の特別会計からの繰入による収
入をもってこれに充てることができる。

地方公営企業法 17 条の 2 第 2 項
地方公営企業の特別会計においては、その経費は、前項の規定により地方公
共団体の一般会計又は他の特別会計において負担するものを除き、当該地方
公営企業の経営に伴う収入をもって充てなければならない。

　独立採算制の原則（地方財政法 6 条、地方公営企業法 17 条の 2 第 2 項）の
下においては、その経営にかかる経費は、その経営に伴う収入をもって賄
われる必要がある。例えば、水 500㎖ を提供するために 100 円の原価がか
かる場合、この原価を、水を使用した利用者から 100 円の料金を徴収する
ことにより賄わなければならない。

　一般的行政サービスは一般会計を通じて提供されるところ、それには外
部効果が認められるため、それに要する経費を租税で賄うことは十分に正
当化されうる。これに対して、公営企業が提供する財・サービスは特定の
利用者に供されるため、このような財・サービスの提供に要する経費は、
特定された利用者からその利用量に応じた料金または代金（宅地造成事業
等の場合）を徴収することにより賄うのが妥当である。そこで、地方公営
企業法は、一定の経費を除いて、地方公営企業が独立採算制の原則に基づ
いて経営されなければならないことを定めている（同法 17 条の 2 第 2 項）。

　独立採算制の原則の下においては、財・サービスの提供の対価である料
金以外の収入（例えば、租税を財源とする一般財源）に依存することは原則
としてできないため、収益と費用の均衡を図るために効率的な経営が求め
られる。その点において、独立採算制の原則は地方公営企業に対して財政
規律機能を働かせるものとなっている。

　しかし、地方公営企業がその経済性を発揮するためには、独立採算制の
原則のみでは不十分である。そこで、独立採算制の原則を支える仕組みと
して、特別会計の設置および公営企業会計の採用がある。以下では、まず、
特別会計の設置についてみていく。

⑶　特別会計の設置

> **地方公営企業法 17 条**
> 地方公営企業の経理は、第 2 条第 1 項に掲げる事業ごとに特別会計を設けて行なうものとする。但し、同条同項に掲げる事業を二以上経営する地方公共団体においては、政令で定めるところにより条例で二以上の事業を通じて一の特別会計を設けることができる。

　地方公営企業に独立採算制の原則の採用を義務づけたとしても、その収入や支出が一般会計や他の特別会計においてまとめて処理されるとしたら、独立採算制の原則は画餅に帰す。そこで、地方公営企業法は、事業ごとに特別会計を設けて経理することを義務づけている（17 条）。

　特別会計とは、一般的行政サービスの提供とは別に、事業目的を限定し、特定の収入と特定の支出を対応させて経理するための会計区分である（市町村が運営する国民健康保険事業も特別会計を設置して経理が行われる）。例えば、住民の生活に不可欠な水道事業や病院事業のように、利用者が利用した分のみ料金を負担し、それによりサービス提供にかかる経費を賄う事業は、一般会計とは区別して、特別会計により経理される。地方公営企業とは、各地方公共団体の特別会計の一つであるといっても大過はない。

　これまで述べてきたとおり、地方公営企業においては、財・サービスを提供することによって得た料金収入により、その財・サービスの提供に要した費用を賄うという独立採算制の原則の下で事業が経営されており、そこでは、適正な原価計算が必要である。そのためには、一般会計において採用されている現金主義に基づく官公庁会計では不十分であり、発生主義に基づく企業会計を採用する必要がある。後述する地方公営企業法 20 条は、事実上、地方公営企業において企業会計を採用することを宣明している。

　そこで、以下では、公営企業会計とは何かということをそのメリットとともにみていく。

⑷　公営企業会計の採用

> **地方公営企業法 20 条**
> 地方公営企業においては、その経営成績を明らかにするため、すべての費用及び収益を、その発生の事実に基いて計上し、かつ、その発生した年度に正しく割り当てなければならない。
> 2　地方公営企業においては、その財政状態を明らかにするため、すべての

資産、資本及び負債の増減及び異動を、その発生の事実に基き、かつ、適当な区分及び配列の基準並びに一定の評価基準に従って、整理しなければならない。

3　前項の資産、資本及び負債については、政令で定めるところにより、その内容を明らかにしなければならない。

(a)　はじめに

地方公営企業法 20 条は、地方公営企業においては、「その経営成績を明らかにするため、すべての費用及び収益を、その発生の事実に基いて計上し、かつ、その発生した年度に正しく割り当てなければならない」（同 1 項）、「その財政状態を明らかにするため、すべての資産、資本及び負債の増減及び異動を、その発生の事実に基き、かつ、適当な区分及び配列の基準並びに一定の評価基準に従って、整理しなければならない」（同 2 項）とそれぞれ述べているように、官公庁会計ではなく、企業会計が採用されることを宣言している。

公営企業を適正かつ円滑に運営していくためには、その経営成績や財産状態が明らかになっている必要がある。そのために、地方公営企業法は、費用および収益の基準を「現金の授受」があったときではなく、「発生の事実」（20 条 1 項および同 2 項）があったときとするとともに、「すべての資産、資本及び負債の増減及び異動を、…適当な区分及び配列の基準並びに一定の評価基準に従って、整理しなければならない」（同 2 項）としている。以上の規定から、同法は、企業会計における 2 つの大きな柱である、発生主義と複式簿記による経理を、地方公営企業の会計に要請していることがわかる*。

以下では、発生主義と複式簿記について確認し（それぞれの詳細については 第 10 章 を参照）、公営企業会計と官公庁会計の相違点および公営企業会計と民間企業会計の相違点について概説する（それぞれの詳細についても 第 10 章 を参照）。

(b)　発生主義

発生主義とは、経済活動の発生という事実に基づいて会計記録を行うものである。民間企業等が採用している企業会計においてもっとも重要な考え方の一つである。

これに対して、国や地方公共団体等が採用している官公庁会計において

*公営企業会計においては、企業会計原則の 7 つの一般原則のうち、株式会社特有の「単一性の原則」を除いた 6 つの原則（真実性の原則、正規の簿記の原則、資本取引と損益取引の区分の原則、明瞭性の原則、継続性の原則、保守性〔または安全主義〕の原則）が定められている（地方公営企業法施行令 9 条各項）。

は現金主義という考え方がとられている（もっとも、近年では、国や一部の地方公共団体において、現金主義に基づく予算・決算に加えて、発生主義に基づく財務諸表が作成されている）。現金主義は、現金の収入または支出という事実に基づき記録をする方法である。現金主義と発生主義の違いは、会計記録を行うタイミングが、現金収入があった時点か、それとも経済活動の発生の事実があった時点かという認識時点の違いである（有限責任監査法人トーマツ・パブリックセクター・ヘルスケア事業部編『一番やさしい公営企業の会計と経営』〔学陽書房、2020 年〕26 頁）。

　現金主義については、取引の真実性が高い反面、経済実態の正確な認識という点において難がある。他方、発生主義は、①現金の動きがなくても、取引の事実に着目して会計処理がされることから、当該年度の経済活動の実態を正確に把握することができる、②決済方法にかかわらず取引を認識するタイミングが同一となる、③正確な期間損益計算が可能となるなどの利点がある（トーマツ編・前掲書 27-28 頁）。例えば、製造部品を購入した場合、現金の支払いはまだであっても、発生主義においては、部品購入の時点で、部品購入費という費用の発生と未払代金という負債の増加が生じたと認識して会計処理する。

　地方公営企業においては、原則として料金のみで経営されることから、財・サービスの提供に要した費用を料金として過不足なく徴収することが重要である。そのためには、適正な原価に基づき料金を決定することが必要であるところ（地方公営企業法 21 条 2 項）、適正な原価は、現金の出入りのみで把握できるものではない。

　例えば、長期間にわたり住民の利用に供される施設の建設費についての減価償却（費用収益対応原則）や、未払債権について現金の支払時ではなく債権債務の発生時に記録するなどの会計処理は、いずれも、地方公営企業の正確な経営状態を把握する上で理に適ったものである（以上の例につき参照、細谷・前掲書 71-72 頁）*。

(c)　複 式 簿 記

　複式簿記とは、当該企業の各経済活動から生ずる各経済価値の変動をすべて記録する仕組みである（複式簿記の詳細については、第 10 章 において解説される）。

　企業の経済活動は常に二面性を有する。例えば、企業 A が個人 B から

＊発生主義を採用する公営企業会計においては、出納整理期間は置かれない。

土地を購入し代金を現金で支払った場合、一方において、土地という経済価値が増加し、他方において、現金という経済価値が減少する。複式簿記は、このような経済活動から生じる経済価値の変動をすべて記録する仕組みであり、発生主義と並んで、企業会計の大きな特色をなすものである。

　他方、複式簿記と対置される、単式簿記は、現金という単一の経済価値のみに着目し、その出入りのみを記録する経理方法であり、主に官公庁会計において用いられる。

　公営企業の経営状況を正確に把握するためには、現金の収支のみならず、すべての資産、負債および資本の増減および移動が把握される必要がある。複式簿記は、資産、負債、資本、費用および収益を、これらの相互関連性が明らかになる形で把握する仕組みであり、これにより、地方公営企業の正確な経営状況を知悉することができる。

⒟ 公営企業会計と官公庁会計の相違点および公営企業会計と民間企業会計の相違点

　公営企業会計と官公庁会計の相違点はもはや明らかである。前者においては、発生主義がとられ、会計記録の時点が経済活動の発生の事実があった時点であるのに対して、後者においては、現金主義がとられ、会計記録の時点が現金の収入および支出があった時点である。そのほかに、前者においては、期間計算（費用配分）という概念があること、損益取引と資本取引の区分があること、資産、負債および資本の概念があること、予算および決算の両方が重視されることなどが挙げられる（地方公営企業制度研究会編『やさしい公営企業会計（第3次改訂版）』〔ぎょうせい、2020年〕11-13頁）。

　他方、公営企業会計と民間企業会計の相違点はやや複雑である。前者においては、制度としての予算（地方公営企業法24条）があるほか、民間企業会計において認められている圧縮記帳（国庫補助金によって取得した資産について、資産の帳簿価額からその補助金相当分の金額を圧縮すること）が公営企業会計においては認められないなどの点が挙げられる（トーマツ・前掲書23-24頁）。

⑸ 公営企業会計方式の下における予算・決算の位置づけ

地方公営企業法24条
地方公営企業の予算は、地方公営企業の毎事業年度における業務の予定量並びにこれに関する収入及び支出の大綱を定めるものとする。

同条2項

地方公共団体の長は、当該地方公営企業の管理者が作成した予算の原案に基づいて毎事業年度地方公営企業の予算を調製し、年度開始前に議会の議決を経なければならない。

同条3項

業務量の増加に因り地方公営企業の業務のため直接必要な経費に不足を生じたときは、管理者は、当該業務量の増加に因り増加する収入に相当する金額を当該企業の業務のため直接必要な経費に使用することができる。この場合においては、遅滞なく、管理者は、当該地方公共団体の長にその旨を報告するものとし、報告を受けた地方公共団体の長は、次の会議においてその旨を議会に報告しなければならない。

地方公営企業法30条1項

管理者は、毎事業年度終了後二月以内に当該地方公営企業の決算を調製し、証書類、当該年度の事業報告書及び政令で定めるその他の書類と併せて、当該地方公共団体の長に提出しなければならない。

同条2項

地方公共団体の長は、決算及び前項の書類を監査委員の審査に付さなければならない。

同条3項

監査委員は、前項の審査をするに当たっては、地方公営企業の運営が第3条の規定の趣旨に従ってされているかどうかについて、特に、意を用いなければならない。

同条4項

地方公共団体の長は、第2項の規定により監査委員の審査に付した決算を、監査委員の意見を付けて、遅くとも当該事業年度終了後3月を経過した後において最初に招集される定例会である議会の認定（…）に付さなければならない。

同条5項

前項の規定による意見の決定は、監査委員の合議によるものとする。

同条6項

地方公共団体の長は、第四項の規定により決算を議会の認定に付するに当たっては、第2項の規定により監査委員の審査に付した当該年度の事業報告書及び政令で定めるその他の書類を併せて提出しなければならない。

同条7項

地方公共団体の長は、第4項の規定により議会の認定に付した決算の要領を住民に公表しなければならない。

同条8項

地方公共団体の長は、第4項の規定による決算の認定に関する議案が否決された場合において、当該議決を踏まえて必要と認める措置を講じたとき、又は管理者が当該議決を踏まえて必要と認める措置を講じて当該措置の内容を

当該地方公共団体の長に報告したときは、速やかに、これらの措置の内容を
議会に報告するとともに、公表しなければならない。

同条 9 項

第一項の決算について作成すべき書類は、当該年度の予算の区分に従って作
成した決算報告書並びに損益計算書、剰余金計算書又は欠損金計算書、剰余
金処分計算書又は欠損金処理計算書及び貸借対照表とし、その様式は、総務
省令で定める。

(a)　は じ め に

　地方公営企業においては、一方で、官公庁と同様、予算の作成および議
決について制度的な位置づけが与えられており、他方で、民間企業と同様、
決算または決算書類の作成が重視される。したがって、公営企業会計にお
いては、予算も決算も重要である。

　以下では、公営企業会計の下における予算の位置づけについて**概観**した
後、同会計の下における決算の位置づけについて**概観**する（予算について
詳細は 第13章 、決算について詳細は 第11章 を参照されたい）。

(b)　公営企業会計の下における予算

　一般会計においては、地方公共団体の長が、毎年度、予算を調整し、年
度開始前に議会の議決を経なければならない（地方自治法 211 条 1 項）。地
方公営企業においては、その管理者が作成した予算原案をもとに、長が毎
年度、予算の調整を行い、年度開始前に議会の議決を経ることになる（地
方公営企業法 24 条 2 項）＊。

　他方、公営企業会計の予算と一般会計の予算の間にはいくつかの相違点
がある。公営企業においては、原則として利用者から徴収する料金収入を
財源とし、効率的かつ**機動的**に経営される必要性が高いため、公営企業の
予算においては、次に述べるように、一般会計の予算にはない異なる取扱
いが認められている。

　第 1 に、予算の弾力的執行が認められていることである。一般会計など
においては、租税収入や地方交付税などの収入の配分が重視されるため、
支出の統制に重点が置かれる。これに対して、公営企業会計においては、
その経済性が発揮されるよう、経費の節約および収益の確保が重視される
ため、効率的かつ**機動的**な経営が求められる。具体的には、①収入予算、
支出予算ともに款項の区分が概括的であること、②業務量の増加に伴い収
入が増加する場合は、支出予算の枠を越えて、それに要する経費の支出が

＊予算に記
載しなけれ
ばならない
事項は地方
公営企業法
施行令17条
1 項 1 号か
ら12号に定
められてい
る。また、
同法施行令
17条 3 項お
よび同法施
行規則45条
を受けて、
予算書の様
式が定めら
れている。

認められること（弾力条項。地方自治法 218 条 4 項、地方公営企業法 24 条 3 項）、③現金支出を伴わない費用については予算超過の支出が認められること（地方公営企業法施行令 18 条 5 項但書）、④建設改良費の繰越しについては、それが翌年度までの繰越しにとどまる限りは無条件に認められることなどである（以上の整理につき、細谷・前掲書 76 頁）。

　第 2 に、予算が 2 つに区分されていることである。一般会計においては、当該年度のすべての収入を歳入とし、すべての支出を歳出とすることによって、歳入歳出予算が作成される。これに対して、公営企業の予算は、各収入や各支出の性格に着目して、企業に利益や損失をもたらす「損益取引」と、資本の増減などを伴う「資本取引」が区別して作成される。前者は、「収益的収入および支出予算」（収益的収支予算）または（地方公営企業法施行令 17 条 3 項〔予算〕および同法施行規則 45 条〔予算の様式〕を受けた別記第 1 号様式の 3 条に規定されていることから）「3 条予算」といわれ、当該年度の損益取引に基づくものを区分する。料金収入、請負工事収入などの経済活動から得られる収入が収益的収入であり、企業職員給与費、減価償却費などの収益獲得に必要となる経費が収益的支出である。後者は、「資本的収入および支出予算」（資本的収支予算）または（前記予算様式 4 条に規定されていることから）「4 条予算」といわれ、当該年度の資本取引に基づくものを区分する。建設改良費、企業債元利償還金などが資本的支出であり、国庫補助金、企業債発行収入などが資本的収入である（以上の説明につき、トーマツ編・前掲書 32 頁参照）。いずれの予算も収支が均衡しないのが、官公庁会計と異なる点である。

(c)　公営企業会計方式の下における決算

　一般会計においては、支出の統制が重要であるため、予算が重視されるのに対して、公営企業会計においては、予算と並んで決算も重視される。

　公営企業会計の決算においては、主に決算書類（地方公営企業法 30 条 1 項・6 項）および決算附属書類（同法施行令 23 条）が作成される。決算については、管理者が調製し、事業報告書等の書類とともに地方公共団体の長に提出される。

　議会の認定の対象となる決算書類としては、①決算報告書、②損益計算書、③剰余金計算書または欠損金計算書、④剰余金処分計算書または欠損金処理計算書および⑤貸借対照表がある（地方公営企業法 30 条 9 項）。①

の決算報告書は、予算に対する決算書であり、単式簿記により作成される。
②の損益計算書から⑤の貸借対照表までの4つの決算書類（これらを「財務諸表」という）は複式簿記・発生主義により作成される。

　審査の参考資料となる決算附属書類としては、証書類、事業報告書、キャッシュ・フロー計算書、収益費用明細書、固定資産明細書および企業債明細書がある（同法30条1項・6項および同法施行令23条）。

(d)　予算と決算の関係

　前述のとおり、予算については、収益的収支予算（3条予算）と資本的収支予算（4条予算）の両方が作成される。前者は、損益計算書と関係するため、発生主義で作成される。他方、後者は、貸借対照表と関係するため、現金主義で作成される（池田昭義『実務がやさしくわかる　Q&A　公営企業会計』〔学陽書房、2022年〕3-4頁）。

(6)　公営企業と地方議会の関係

> **地方公営企業法4条**
> 地方公共団体は、地方公営企業の設置及びその経営の基本に関する事項は、条例で定めなければならない。
> **地方公営企業法32条1項**
> 地方公営企業は、毎事業年度利益を生じた場合において前事業年度から繰り越した欠損金があるときは、その利益をもってその欠損金をうめなければならない。
> **同条2項**
> 毎事業年度生じた利益の処分は、前項の規定による場合を除くほか、条例の定めるところにより、又は議会の議決を経て、行わなければならない。
> **同条3項**
> 毎事業年度生じた資本剰余金の処分は、条例の定めるところにより、又は議会の議決を経て、行わなければならない。
> **同条4項**
> 資本金の額は、議会の議決を経て、減少することができる。
> **地方公営企業法33条1項**
> 地方公営企業の用に供する資産の取得、管理及び処分は、管理者が行う。
> **同条2項**
> 前項の資産のうちその種類及び金額について政令で定める基準に従い条例で定める重要なものの取得及び処分については、予算で定めなければならない。
> **同条3項**
> 地方公営企業の用に供する行政財産を地方自治法第238条の4第7項の規定

により使用させる場合に徴収する使用料に関する事項については、管理者が定める

　公営企業と地方議会のかかわりは、次の 5 つの場面において見られる。第 1 に、序章②で説明されたように、地方公営企業法が適用されていない任意適用事業について、条例により、同法の規定の全部または一部を適用することができる（地方公営企業法 1 条 3 項）。第 2 に、地方公共団体が、地方公営企業の設置およびその経営の基本に関する事項を定める場合には、これを条例で定めなければならない（同法 4 条）*。第 3 に、予算についての議会の議決（同法 24 条 2 項）および決算についての議会の認定（同法 30 条 4 項）がある。第 4 に、資本金の減額は議会の議決を経て行うことができる（同 32 条 4 項）。第 5 に、料金（同法 21 条）が地方自治法 225 条の公の施設の使用料に該当する場合、その決定は条例主義に服する（地方自治法 228 条 1 項）。

　他方、地方公営企業法は、地方公営企業の効率的かつ機動的な経営を確保するため、管理者の自主性が発揮できるよう、地方公営企業に対する議会の関与を限定している。例えば、契約の締結ならびに財産の取得、管理および処分については議会の議決等によることなく、管理者がこれを行う（33 条 1 項・2 項、40 条 1 項）。

　なお、地方公営企業の管理者と議会の関係について、管理者の職務は、企業経営という経済活動が中心になることから、議員との関係による影響を防ぎ、政治的中立を確保するため、管理者は地方公共団体の長を通じてのみ議会に責任を負う（吉岡律司『図解よくわかる地方公営企業のしくみ』〔学陽書房、2023 年〕23 頁）。

2　例外的ルール

⑴　独立採算制の原則からの乖離

地方財政法 6 条
公営企業で政令で定めるものについては、その経理は、特別会計を設けてこれを行い、その経費は、その性質上当該公営企業の経営に伴う収入をもって充てることが適当でない経費及び当該公営企業の性質上能率的な経営を行なってもなおその経営に伴う収入のみをもって充てることが客観的に困難であると認められる経費を除き、当該企業の経営に伴う収入（…）をもってこれに充てなければならない。但し、災害その他特別の事由がある場合におい

*このほか、地方公営企業法上、条例で定めることとされている事項として、管理者の設置（7 条）、事務処理のための組織（14 条）、特別会計の設置（17 条）、利益剰余金および資本剰余金の処分（32 条 2 項・3 項）、地方公営企業の用に供する資産のうちその種類および金額について予算で定めなければならないもの（33 条 2 項）、職員の賠償責任（34 条）、財務規定等が適用される場合の管理者の権限（34 条の 2）、企業職員の給与の種類および基準（38 条 4 項）、自治法の一部規定が適用される業務等（40 条 2 項）、業務の状況の公表（40 条の 2 第 1 項）がある。

て議会の議決を経たときは、一般会計又は他の特別会計からの繰入による収入をもってこれに充てることができる。

地方公営企業法 17 条の 2 第 1 項

次に掲げる地方公営企業の経費で政令で定めるものは、地方公共団体の一般会計又は他の特別会計において、出資、長期の貸付け、負担金の支出その他の方法により負担するものとする。

一　その性質上当該地方公営企業の経営に伴う収入をもって充てることが適当でない経費

二　当該地方公営企業の性質上能率的な経営を行なってもなおその経営に伴う収入のみをもって充てることが客観的に困難であると認められる経費

同条 2 項

地方公営企業の特別会計においては、その経費は、前項の規定により地方公共団体の一般会計又は他の特別会計において負担するものを除き、当該地方公営企業の経営に伴う収入をもって充てなければならない。

地方公営企業法施行令 8 条の 5 第 1 項

法第 17 条の 2 第 1 項第 1 号に規定する経費で政令で定めるものは、次の各号に掲げる事業の区分に応じ、当該各号に定める経費（当該経費に係る特定の収入がある場合には、当該特定の収入の額をこえる部分）とする。

一　水道事業　公共の消防のための消火栓せんに要する経費その他水道を公共の消防の用に供するために要する経費及び公園その他の公共施設において水道を無償で公共の用に供するために要する経費

二　工業用水道事業　公共の消防のための消火栓せんに要する経費その他工業用水道を公共の消防の用に供するために要する経費

三　病院事業　看護師の確保を図るために行う養成事業に要する経費、救急の医療を確保するために要する経費及び集団検診、医療相談等保健衛生に関する行政として行われる事務に要する経費

同条 2 項

法第 17 条の 2 第 1 項第 2 号に規定する経費で政令で定めるものは、次の各号に掲げる事業の区分に応じ、当該各号に定める経費（当該経費に充てることができる当該事業の経営に伴う収入の額をこえる部分に限る。）とする。

一　軌道事業　当該軌道事業の用に供する車両以外の車両が通行することにより必要を生じた軌道敷の維持、修繕及び改良並びに道路における交通の混雑を緩和するため当該軌道事業を経営する地方公共団体の長が必要と認めた場合に行なう軌道の撤去に要する経費

二　病院事業　山間地、離島その他のへんぴな地域等における医療の確保をはかるため設置された病院又は診療所でその立地条件により採算をとることが困難であると認められるものに要する経費及び病院の所在する地域における医療水準の向上をはかるため必要な高度又は特殊な医療で採算をとることが困難であると認められるものに要する経費

　地方公営企業は、企業性（経済性）の発揮と公共の福祉の推進を経営の基本原則としている。その経営に要する経費は当該地方公営企業の経営に伴う収入（料金）をもって充てる独立採算制が原則である（地方公営企業法17条の2第2項、地方財政法6条）。

　しかし、地方公営企業法17条の2第1項は、

①　その性質上当該地方公営企業の経営に伴う収入をもって充てることが適当でない経費（地方公営企業法17条の2第1項1号、地方財政法6条）、

②　当該地方公営企業の性質上能率的な経営を行なってもなおその経営に伴う収入のみをもって充てることが客観的に困難であると認められる経費（地方公営企業法17条の2第1項2号、地方財政法6条）

について、地方公共団体の一般会計または他の特別会計において、出資、長期の貸付け、負担金の支出その他の方法により負担するものとしている。これを「経費の負担の原則」という。なお、地方公営企業法は、経費の負担の原則とは別に、地方公共団体による、補助（17条の3）、出資（18条）および長期の貸付け（18条の2。ただし、実務上はあまり行われていない）を認めている*。

　①の場合とは、例えば、水道事業において、公共の消防のための消火栓せんに要する経費などであり（地方公営企業法施行令8条の5第1項各号）、②の場合とは、例えば、病院事業において、山間地、離島その他のへんぴな地域等における医療の確保をはかるため設置された病院または診療所でその立地条件により採算をとることが困難であると認められるものに要する経費などである（同第2項各号。なお、病院事業に係る当分の間の措置として地方公営企業法施行令附則14項）。

(2)　実際の運用状況

　経費の負担の原則については、毎年度、総務省から地方公共団体に対して、「公営企業繰出金通知」が出されている。そこにおいては、対象となる各事業および各経費についてそれぞれ、一般会計が負担することの「趣旨」および負担額の目安となる「繰出しの基準」が示されている。この基準に沿って一般会計から公営企業会計に繰出しが行われたときは、原則として、国が毎年度定める地方財政計画に「公営企業繰出金」が計上され、普通地方交付税の基準財政需要額への算入または特別地方交付税を通じて財源措置が行われる。

＊地方公営企業が発行する企業債について、実際には、政府資金や地方公共団体金融機構による引受けが多くの部分を占めている。重森曉・植田和弘編『Basic地方財政論』（有斐閣、2013年）245-246頁［川勝健志］。

　例えば、「令和 6 年度の地方公営企業繰出金について（通知）」（令和 6 年
4 月 1 日付総財公第 26 号総務副大臣通知）によると、上水道事業における消
火栓等に要する経費について、その趣旨を、「公共消防のための消火栓に
要する経費その他水道を公共の消防の用に供するために要する経費につい
て一般会計が負担するための経費である」とし、繰出しの基準を、「消火
栓の設置及び管理に要する経費、消火栓の設置に伴う水道管の増設、口径
の増大等に要する経費等に相当する額」として、一般会計から公営企業会
計に繰出しが行われるとしている。

　令和 4 年度の繰入額は 2 兆 9,258 億円であり、下水道事業における企業
債元利償還金に対する繰入金の増加等により、前年度（2 兆 8,397 億円）に
比べ 862 億円（3.0%）増加している。繰入額の内訳について、収益的収入
への繰入金が 2 兆 288 億円（収益的収入に対する繰入金の割合は 15.2%）、資
本的収入への繰入金が 8,970 億円（資本的収入に対する繰入金の割合は
21.8%）となっており、前年度に比べ収益的収入への繰入れは 356 億円
（1.8%）増加し、資本的収入への繰入れは 505 億円（6.0%）増加している。
前年度に比べ他会計繰入金が増加した事業は 10 事業であり、下水道事業
において 314 億円（対前年度比 2.0%）の増加ともっとも大きく、次いで宅
地造成事業で 306 億円（同 58.5%）の増加となっている。一方、前年度に
比べ他会計繰入金が減少した事業は 6 事業あり、交通事業で 41 億円（同
4.8%）の減少ともっとも大きく、次いで観光施設事業で 21 億円（同
18.5%）の減少となっている。

　繰入額が大きい主な事業については、下水道事業が 1 兆 6,065 億円（全
体の 54.9%）でもっとも大きく、次いで病院事業が 8,504 億円（同 29.1%）、
水道事業が 2,073 億円（同 7.1%）、宅地造成事業が 828 億円（同 2.8%）となっ
ている。収益的収入への繰入金の割合が大きい主な事業は、有料道路事業
が 66.8%でもっとも大きく、次いでと畜場事業が 61.4%、下水道事業が
29.0%となっており、また、資本的収入への繰入金の割合が大きい主な事
業は、駐車場事業が 64.7%でもっとも大きく、次いで介護サービス事業が
46.8%、観光施設事業が 46.4%となっている（以上につき、令和 4 年度地方
公営企業年鑑 18-19 頁および 339-341 頁ならびに令和 4 年度地方公営企業等決
算の概要 12 頁参照）。

（田尾亮介）

第10章　企業会計方式の課題①
—— 官公庁会計との違い

> 経済実態の認識という観点から発生主義に基づく複式簿記を採用する公営企業会計の特質に照らし、現金主義に基づく単式簿記を採用している官公庁会計との具体的な相違や企業会計との類似点に鑑み、概説する。

1　単式簿記と複式簿記、現金主義と発生主義

　簿記とは、特定の経済主体の活動を、一定のルールに従って帳簿に記録する手続であるが、公営企業会計では、1つの取引について、ある経済価値の増加（例：固定資産の取得）と他の経済価値の減少（例：現金の減少）の2つの側面を同時に記録する複式簿記の手法を採用している。それに対し、官庁会計は現金主義であることから、現金の変動の有無という一要素のみに着目した記録を行っており、これは単式簿記と呼ばれる。

　官庁会計は、現金収支を議会の民主的統制下に置くことで、予算の適正・確実な執行を図るという観点から、確定性、客観性、透明性に優れた単式簿記を採用している。

　一方で、地方公営企業は、常に企業の経済性を発揮するとともに、その本来の目的である公共の福祉を増進するように運営されなければならないとされ、またその経費は、原則として、当該地方公営企業の経営に伴う収入をもって充てなければならないとされている。このため、公営企業の経営を的確に表すため、公営企業会計では複式簿記を採用している。

　また、一般会計等で採用されている官庁会計では、現金の収入および支出の事実に基づき経理記帳される現金主義会計をとっているのに対し、公営企業会計では、現金の収支の有無にかかわらず、経済活動の発生という事実に基づきその発生の都度記録し、整理する発生主義会計方式をとっている。

　官庁会計では現金主義をとる結果、当年度の現金支出がそのまま当年度の費用として計上される。一方、発生主義会計には期間損益計算という概念が存在し、現金支出の有無を問わず、当年度に獲得した収益に対応して

発生した費用のみが計上される。この場合において、支出の効果が複数年度にまたがる場合、翌年度以降に対応する部分は資産として計上され、その効果が及ぶ期間にわたって順次費用化される（例：固定資産と減価償却費）。また、支出が将来に行われる場合、発生した費用に対応する価額が負債として計上される（例：退職給付引当金繰入額と退職給付引当金）。

2　損益取引と資本取引、資産、負債、資本の概念

　官庁会計では、予算及び決算は一切の収入を歳入とし、一切の支出を歳出として、歳入及び歳出を差引して剰余金を計算するのに対し、公営企業会計では収入および支出が、損益計算に関係する取引（収益的収支）と関係しない取引（資本的収支）に区分され、期間損益計算を明らかにしている。

　ここで資本的収支として、例えば建設改良費があり、支出した時点では損益計算には含まれず、貸借対照表に固定資産として計上されたのち、減価償却費として収益的収支の費用として配分されていくことになる。

　官庁会計では現金主義を採用しているため、財産、物品、金銭といった区分や消極財産といった負債に類似した概念はあるが、現金支出という点で相互に関連するものの、それぞれ別個に管理され、統合された情報とはなっていない。また、残余財産（資本）という概念は存在しない。

　一方で公営企業会計は、複式簿記で識別された経済価値の増減が「資産」と「負債及び資本」として、相互に有機的関連をもって会計処理される。

3　民間企業との相違

　発生主義に基づく複式簿記を適用している点において、地方公営企業と民間企業との間に相違点はない。

　また、地方公営企業法施行令等の一部を改正する政令（平成24年政令第20号）による地方公営企業法施行令等の改正により、民間企業に適用されていた概念の導入など、決算書作成の基礎となる会計の基準について相当程度の近似化が図られている。

　一方で、本改正以降に企業会計へ導入されたルールは反映されていない。例えば、収益認識基準など、最新の概念フレームは適用されておらず、また注記をはじめとした開示事項の拡充等も行われていない。

　民間企業で適用される会計基準では、報告時点における企業価値の評価

　という観点に重きが置かれ、時価情報の決算書への折り込みや注記による補足が広範囲に行われているが、公営企業会計では、ストック情報の適切な開示という趣旨は同一であるものの、時価評価が求められる範囲は狭く、減損会計を除き、時価評価はできる規定となっており（地方公営企業法施行規則8条7項）、強制はされない。

（赤木　敦）

第11章　企業会計方式の課題②——書面作成

> 地方公営企業法の適用に伴う貸借対照表（決算書類）やキャッシュ・フロー
> 計算書（決算附属書類）といった民間企業において作成される書類形式にお
> いて、公営企業における特徴点を住民・議会による統制という点に照らして、
> 概説するとともに、議会による統制の概要を併せて解説する。

1　決算書類の種類と特徴

　地方公営企業に適用される地方公営企業法、民間企業に適用される会社
法、金融商品取引法の各規定に基づき、作成が要求される決算書類は以下
の通りである。このうち、地方公営企業法で規定する剰余金（欠損金）計
算書は、会社法及び金融商品取引法にある株主資本等変動計算書と同様の
書類である。

地方公営企業法	会社法	金融商品取引法
決算報告書（予算決算対照表）、損益計算書、貸借対照表、剰余金（欠損金）計算書、剰余金処分（欠損金処理）計算書、決算参考書（キャッシュ・フロー計算書、収益費用明細書、固定資産明細書、引当金明細書、企業債明細書）	貸借対照表、損益計算書、株主資本等変動計算書、注記表、付属明細書（有形固定資産及び無形固定資産の明細、引当金の明細、販売費及び一般管理費の明細）	貸借対照表、損益計算書、株主資本等変動計算書、キャッシュ・フロー計算書、付属明細表（社債明細表、借入金明細表、有価証券明細表、有形固定資産等明細表、引当金明細表、資産除去債務明細表）、主な資産及び負債の内訳

　このように、公営企業でも民間企業でも概ね同様の書類を作成すること
になるが、下線部は、公営企業に特有の書類である。

　まず決算報告書（予算決算対照表）についてであるが、公営企業会計の
予算は、議会の議決を経て定められ（地方公営企業法24条2項）、拘束予算
としての性質を有する。このため、この予算に対する執行の実績比較表と
して予算決算対照表を作成し、議会の認定に付す必要がある。一方で民間
企業においても、目的に応じた各種予算は存在するが、これらは法令によ
りその執行が拘束されるものではなく、経営管理のために作成、管理され
るものである。そのため、執行状況について、法令で作成が求められる書
類はない。

　また、公営企業においては剰余金の処分（欠損金の処理）が決算認定に包含されるため、剰余金処分（欠損金処理）計算書が決算書類を構成するのに対し、会社法では計算書類とは別に議決に付され、金融商品取引法では処分（処理）後の計数で作成されることから、いずれも決算書類を構成しない。

2　決算の承認

　公営企業は、その本来の目的である公共の福祉を増進するように運営されなければならないことから、決算審査に当たっては、決算その他関係書類が、法令に適合し、かつ正確であることを検証し、**企業の経済性が発揮されているか確かめることに加え、公共性の観点からも審査が行われる**ことに特徴がある。

　決算は、管理者が事業年度終了後2月以内に調製し、証書類、事業報告書その他の書類と併せて長に提出する。長はこれを監査委員の審査に付し、証書類以外の書類についてはその意見を付して、遅くとも当該事業年度終了後3月を経過した後において最初に召集される定例会である議会の認定に付さなければならない。

　東京都を例にとると、9月ごろ開催される第3回定例会において付託され、議会において決算特別委員会が組織される。委員会は付託された公営企業会計決算の認定について審査を行う。審査完了後、認定すべきか否かを決定し、その結果を第4回定例会において報告し、採決が行われる。また、認定に当たって各種の意見が付されることがあるが、それらの意見に対する各会計の対応について、継続的にモニタリングが行われている（認定意見の措置状況調査）。

　一方、民間企業においても、計算書類は原則として株主総会に付議し、承認を得る必要がある。ただし、会計監査人設置会社において、一定の要件を満たすときは、取締役会の承認を受けて定時総会に提出された計算書類については、取締役がその内容を報告すれば足り、定時総会の承認は不要（会社計算規則135条）となる。

　また、金融商品取引法に基づき作成される書類は報告書であり、承認という概念はない。

（赤木　敦）

第12章　公営企業の資産管理

水道は、日常生活と都市活動を支える基幹ライフラインであり、平常時のみ
ならず災害や事故時においても、可能な限り給水を確保することが求められ
ている。
一方で、高度経済成長期に集中的に整備した多くの水道施設は、一斉に更新
時期が到来するとともに、更新には長い年月と多額の費用を要する課題に直
面している。このため、平成30年度の水道法改正における基盤強化の3本
柱の一つとして示された、適切な資産管理（アセットマネジメント）の活用
等により、事業量の平準化など、効率的な整備が必要となっている。
ここでは、アセットマネジメント全般を概説するとともに、実際の使用例等
について基本的なポイントを示す。

1　アセットマネジメントの必要性

　**（厚生労働省健康局水道課（平成21年7月）、水道事業におけるアセットマネ
ジメント（資産管理）に関する手引き（以下、「手引き」という）、Ⅰ－1頁参考）**
　我が国の水道事業は、全国的に人口が減少している中、水道施設の老朽
化が進行しており、ヒト・モノ・カネが不足している。具体的には、人口
減少に伴い給水収益の大幅な増加が見込まれない中、更新投資額が減少傾
向にある一方で、将来の資金確保の取組が十分ではなく、施設の急速な老
朽化や財政状況の悪化している。

図1　日本全国における有収水量と家庭用原単位の将来推計

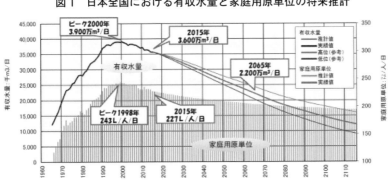

（水道法の一部を改正する法律（平成30年法律第92号）の背景・概要（厚生労働省））参照

　水道事業を持続可能なものとするためには、中長期的な視点に立って、技術的な知見に基づいた施設整備・更新需要の見通しについて検討し、着実な更新投資を行う必要がある。

　受益者負担を原則とする水道事業においては、施設の更新には相応の負担が必要であることについて、水道利用者や議会等の理解を得るための情報提供を適切に行っていく必要がある。

2　アセットマネジメントの定義*

＊手引き I
-6頁参考

　水道における「アセットマネジメント（資産管理)」とは、水道施設の特性（代替性が小さい、受益者負担が原則など）を踏まえ、中長期的な視点に立ち、ライフサイクル全体にわたって効率的かつ効果的に、水道施設を管理運営する体系化された実践活動を指す。

　また、アセットマネジメント実践においては、現有資産の状態・健全度を適切に診断・評価し、中長期の更新需要の見通しを検討するとともに、財政収支見通しを踏まえた更新財源の確保等により、事業の実行可能性の担保が必要である。

図2　アセットマネジメントの概念図

＜概念図＞　中長期的視点（概ね30～40年以上）

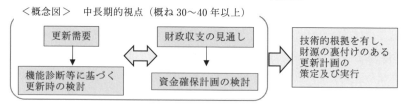

3　アセットマネジメントの効果**

＊＊手引き
I-7頁参考

　アセットマネジメントの実践によって、次に示すような効果が期待される（図3)。

図 3　アセットマネジメントの実践により期待される効果

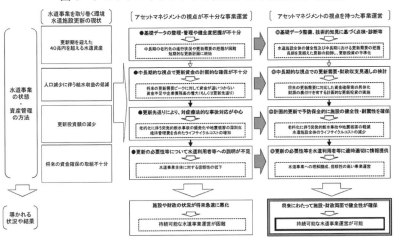

〇施設の「見える化」　　　　　　　　〇確実な更新・・・財源の裏付け
〇「予防保全」→ライフサイクルコスト　〇事業に対する利用者の理解

(1)　構成要素と実践サイクル*

　アセットマネジメントは、①必要情報の整備、②ミクロマネジメントの実施、③マクロマネジメントの実施、及び④更新需要・財政収支見通しの活用の 4 つの要素で構成される（図 4）。

① 「必要情報の整備」：水道施設を適切に管理するための水道施設台帳の整備が水道法に義務づけられており、ミクロ、マクロマネジメントの実施に必要な基本情報を収集・蓄積・整理し、両要素間を有機的に連結

② 「ミクロマネジメントの実施」：個別の水道施設ごとに「運転管理・点検調査」などの日常的な維持管理や「施設の診断と評価」などの保全管理を実施

③ 「マクロマネジメントの実施」：水道施設全体の視点から各施設の重要度・優先度を考慮した上で、中長期的な観点から「更新需要見通し」及び「財政収支見通し」について検討

④ 「更新需要・財政収支見通しの活用」：地域水道ビジョン等の計画作成や、水道利用者等に対して事業の必要性・効果を説明するため、マクロマネジメントの実施で得られた「更新需要見通し」及び「財政収支見通し」の検討成果を活用

＊手引き I
－14頁参考

図 4　アセットマネジメントの構成要素と実践サイクル

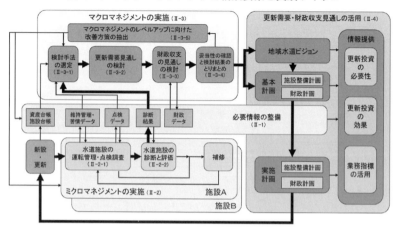

（2）　検 討 期 間＊

＊手引き I
-19頁参考

　マクロマネジメントでは、中長期の更新需要及び財政収支の見通しの把握が必要であることから、施設の耐用年数や企業債の償還期間を考慮して、少なくとも 30〜40 年程度の中長期の見通しについて検討する。

　マクロマネジメントの実践により得られる中長期の更新需要及び財政収支見通しの検討成果を基に、自らの水道事業のあるべき「将来像」を可視化させ、その実現化方策を地域水道ビジョンに反映させることにより、両者を有機的に結びつけることができる（図 5）。

図 5　アセットマネジメントと各種計画との関係図

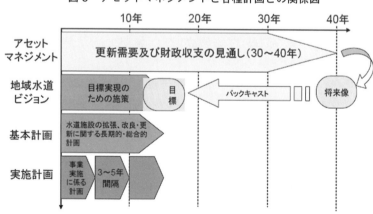

(3)　資産管理水準の段階的向上*

＊手引きⅠ
-21頁参考

アセットマネジメントの実践に当たっては、理想とすべき資産管理の水準を念頭におきつつも、現状のデータ整備状況等を勘案し、まずは実施可能な手法で実践することが重要である。

一部の施設に関して、基礎データの有無、施設の診断や評価等が不十分な場合でも、多少の精度の粗さを認識した上で、簡略化した手法を用いた、中長期の更新需要及び財政収支見通しの検討は十分可能である。

一方で、アセットマネジメントの実践を一過性の取組で終わらせず、成果を自己評価し、必要情報の整備や改善方策を抽出するなど、継続的な改善を図り、資産管理全体の水準を段階的に向上させる必要がある。

4　東京都水道局における課題および活用事例等

(1)　東京を支える強靭で持続可能な水道システムの構築に向けて

都水道局では、2040年までの概ね20年間の事業運営全般について、基本的な方針や長期財政収支を見通しとして「東京水道長期戦略構想2020」を策定している。

我が国最大規模の水道を支える施設の更新は、半世紀を超える長い年月と多くの経費を要する重要な事業であり、この事業を着実かつ効果的、効率的に推進するため、「東京水道長期戦略構想2020」で示した考え方を具体化するとともに、10年後の整備目標と優先順位を踏まえた具体的な取組内容をまとめた「東京水道施設整備マスタープラン」に基づき、計画的に取組を推進している。

(2)　東京都水道局での具体的な対応状況

都水道局では、厚生労働省の手引きにおける検討手法の組合せのうち「タイプ4D」となる「詳細型検討手法」を実施している。

「タイプ4D」で検討している具体的な内容は、次の①から⑦の検討を行っている。① 中長期の人口・水需要予測（図6、図7）、② 予防保全型管理による施設の長寿命化（図8）、③ 施設再配置（統廃合, 浄水場, 配水池等の移転による適正配置）の検討、④ 管路の再編成（ブロック化等）、⑤ 水運用（通常時・非常時）の検討、⑥ バックアップ対策の検討、⑦ ダウンサイジング（浄水場や配水池の能力削減, 管路の縮径・削減等）の検討。

図6　『未来の東京』戦略ビジョンにおける人口推計

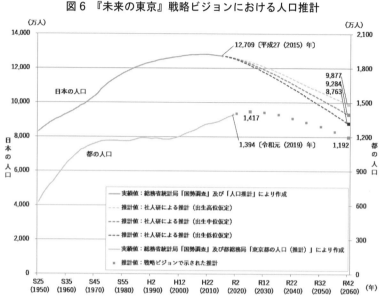

（東京水道施設整備マスタープラン　令和3年3月（以下、「プラン」という。）4頁参照）

図7　水道需要予測の推計結果（プラン16頁参照）

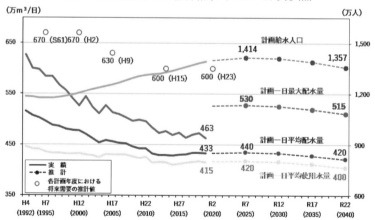

(3)　東京都水道局における更新投資の基準年数の設定

　　今後、高度経済成長期に集中的に整備された水道施設が、順次更新時期を迎える。都水道局では、事業量の平準化の観点から、経営戦略の投資・財政計画に基づいて更新しており、計画策定時に、更新投資を行う際の基

準年数を設定している。具体的な事例として、② 予防保全型管理による施設の長寿命化を下記に示す。

浄水場については、コンクリート構造物の耐久性に影響を及ぼす鋼材腐食に着目し、浄水場の点検データを用いて劣化予測を行った結果、予防保全型管理による長寿命化を行うことで、施設を100年以上供用することが可能と結論付けている（図8）。

図8 予防保全型管理による施設の長寿命化（イメージ）（プラン18頁参照）

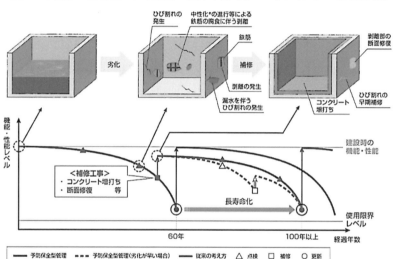

また、管路については、劣化する主な原因のうち、定量的に検証が可能な管体の孔食に着目し、蓄積してきた管路の孔食データ等からダクタイル鋳鉄管の腐食進行度を求め、土壌の腐食性の強弱を分類したうえで、劣化予測を行い供用年数を設定している（下表）。

表【ダクタイル鋳鉄管の供用年数】

	ポリエチレンスリーブ※無し		ポリエチレンスリーブ有り	
	腐食性弱	腐食性強	腐食性弱	腐食性強
配水本管	70～90	60～80	約90	約80
配水小管	60～80	50～70	約80	約70

※ポリエチレンスリーブ：水道管を埋設する場合の防食対策として管を被覆する
ポリエチレン製チューブ

<孔食の状況>　　　　　　　　　　　<ポリエチレンスリーブを被覆した管路>
（プラン 22 頁参照）

⑷　持続可能な東京水道の実現に向けて

　都の水道が直面する人口減少や水道施設の老朽化等の課題は、我が国の多くの水道事業に共通するものである。今後とも、アセットマネジメントの活用等を着実に実施し、年間事業費を抑制しつつ、長期に及ぶ更新工事を計画的に行うことで、将来にわたり持続可能な東京水道の事業運営を実現していく。

（須藤高志・馬野仁史）

第 13 章 予算に関する問題

> 自治体の長による予算の調製と地方議会との調整、公営企業の公的サービス
> の提供と企業経営の合理化の関係に基づく予算の特徴や、実務上の留意点に
> ついて概観する。

1 公営企業会計予算の特徴

　一般会計等では、租税収入をはじめとして、収入と支出の間に直接の関
連がないものが多い。このため、限られた財源を効率的に使用するために、
歳出の規制に重点が置かれている。他方、公営企業会計においては、サー
ビスの生産提供に要する経費は、原則として受益者から受け取る料金収入
によって賄うことから、収入と支出が密接に関連している。このことから、
**歳出規制は当然の要請として、それに加え、企業の効率的な経営管理、建
設改良事業に見られるような将来にわたる事業運営の決定という観点が強
調されることに特徴がある。**

　また、損益計算に関係する取引（収益的収支）と関係しない取引（資本
的収支）に区分され見積もられることも特徴の一つである。

　収益的収支は、企業の経営活動の予定であり、その間に発生するすべて
の収益と費用が、発生主義の考え方に従って計上される。資本的収支は、
収益的収支以外の貸借対照表勘定に属する取引等を計上することに加え、
資本的支出に対し、これを賄うべき収入および財源を示すという重要な目
的が与えられている。

　さらに、公営企業においても予算に定められた額を超える支出はできな
いが、効率的な経営活動に資するため、公営企業会計の予算は、以下のよ
うに一般会計等の予算と比較して比較的弾力性を有している。

・予算が**概括的**（地方公営企業法 24 条 1 項）
　　公営企業の予算は、毎事業年度における業務の予定量並びにこれに関
　する収入及び支出の大綱を定めるものとされ、一会計年度における一切
　の収入及び支出は、すべてこれを歳入歳出予算に編入しなければならな

いとされる一般会計等と比して、概括的なものとなっている。

・弾力条項（地方公営企業法24条3項）

　業務量の増加に伴い収益が増加する場合において、必要に応じ当該業務に要する経費について予算を超過して支出することが出来る（→2）。

・現金支出を伴わない経費の超過支出（地方公営企業法施行令18条5項但書）

　公営企業の予算においても、当然に全ての収入支出を計上する必要があるが、このうち、例えば減価償却費のように現金支出を伴わない費用については、支出の予算がない場合であっても支出することが出来るものとされている。

・予算の繰越（地方公営企業法26条1項、2項但書）

　建設改良費（地方公営企業の建設又は改良に要する経費）に限定はされるものの、年度内に支払義務が生じなかったものがある場合、管理者の権限においてそれを翌年度に繰り越して使用することができる。この点、予算に定める必要がある一般会計等と比べ、その運用に柔軟性が設けられている。

2　弾力条項について

　業務量の増加によって、公営企業の業務のため直接必要な経費に不足が生じたときは、管理者は、当該業務量の増加により増加する収入に相当する金額を、当該企業の業務のため直接必要な経費に使用することが出来る（地方公営企業法24条3項前段）。これは弾力条項と呼ばれ、企業活動が経済条件の変化に応じて行われること、収益と費用が密接に連動している事務事業を多く含むことから定められている規定である。また、議会への報告のみで予算成立と同一の効果をもち、同一事件について、その後において予算の補正を行う必要はない。

　なお、この**弾力条項は予算修正のいとまがない臨時的な事態に対処するために用いるべきもの**で、料金率の変更、給与水準の改定、物価高騰による物件費の変動あるいは事業計画の変更等の場合に用いるべきではないと考えられている。また、その適用範囲も、法の趣旨から、主に収益的収入支出の執行に限定される。

　また、前述の通り、公営企業会計の予算はもともと弾力性を有しており、予備費の充当や、費目の流用等により対処するケースが多いと思われる。

このため実務上も、例えば競艇事業会計など、公営競技を所管する会計において適用される事例がいくつか見受けられるものの、この条項を適用するケースは多くない。

弾力条項を適用した場合、管理者は遅滞なく長にその旨を報告しなければならず、報告を受けた長は、次の議会においてその旨を報告しなければならない。

3 予算と議会

公営企業の予算の調製権者は当該地方団体の長であるが、その原案作成は管理者の職務とされ、長はこれに基づいて予算を調製する。これは、管理者に予算の単なる見積もりを行わせるだけではなく、企業経営の責任者として予算の原案を作成させることによって業務執行の方針案を明らかにさせようとするものであり、**長は予算の調整に当たって、できる限り管理者の原案を尊重すべきとされている。**

公営企業会計の予算にも地方自治法211条1項の規定が適用され、年度開始前に、議会の議決を経なければならない。この場合において、長は、遅くとも年度開始前、都道府県及び政令指定都市は30日、その他の市及び町村は20日までに、当該予算を議会に提出するようにしなければならない。

例えば東京都では、2月中旬より開催される第1回定例会へ提出され、審議のため編成される予算特別委員会へ付託される。委員会での審議後、その結果が本会議にて報告され、採決が行われる。

決算の場合、議会で否決されたとしても、すでに執行した収支については有効であり、決算の効力に影響を及ぼすことはないが、予算は議会の承認がなければ成立しない。このため、予算が、新しい年度が始まる前までに成立しなかった場合、行政機能が停止しないように、一定期間について最小限度必要とされる経費の支出をするための暫定予算を編成することとなる。

（赤木　敦）

第3部　公営企業の人事・個別責任実務

第14章　人事実務の特徴と企業職員の権利

地方公営企業の人事に関係する法規について概観する。公営企業においては、管理者と補助職員とが異なる法関係によって規律されているところ、管理者と補助職員との法的責任の違いについて概観し、その特徴を明らかにする。また、公営企業の職員の労働関係は、地方公営企業等労働関係法によって規律されることから、身分保障の確保等について通常の一般公務員との相違がみられる。そして、このような単一的ではない法関係おいて規律される人事実務において、どのような課題があるだろうか。

1　管理者の法的地位

　地方公営企業法（以下、「地公企法」）は、地方公営企業（以下、「公営企業」）について一般行政組織から独立した経営組織を設けることとし、その頂点に管理者をおき、公営企業の経営に関する広範な権限を付与するとともに、その経営に関しては、原則として、管理者が自治体を代表するものとしている（8、9条）。これは、公営企業を地方公共団体の内部組織としつつ、最大限独立した企業的な業務運営が可能になるように制度設計を行うことにより、これら2つの観点の調和をはかったものとされる*（詳細は 第1 章 ）。すなわち、管理者を長の補助機関としながら、表1のような位置付け、権能を与えている。

> ＊細谷・図解地公企法40頁を参照。

　まず、管理者に一定の独立性や権能が与えられているということは、他方で、公営企業経営に関する責任について、基本的には管理者が負うことになることを意味する（詳細は 第2章 、 第4章 ）。

　また、管理者には、地方公共団体の特別職職員として、地方公務員法（以下、「地公法」）の適用が除外される（地公法4条2項）一方で、地公企法7条の2第9項は、身分保障を規定している。身分保障とは、分限、懲戒（同

条 7，8 項）の規定による場合を除くほか、その意に反して罷免され、又
は懲戒処分を受けることがないことを意味する。

表 1　地方公営企業管理者の地位と権能

・一定規模以上の公営企業について、管理者必置とした（地公企法 7 条）
・その身分を特別職とし、4 年任期制、身分保障制度を導入した（地公企法 7
　条の 2、地公法 3 条 3 項 1 号の 2）
・長は、管理者に対し一般的・包括的な指揮命令権を有さず、一定の場合に指
　示を与えうるに止められている（地公企法 16 条）
・予算原案作成権等の付与（地公企法 9 条）

出典：細谷芳郎『図解地方公営企業法　第三版』（第一法規、2018 年）41〜42 頁

　特別職とされたことの経緯としては、広く民間に人材を求め、企業経営
の専門家を管理者に迎えられるようにするため、旧規定（昭和 41 年 7 月 5
日法律第 120 号による改正前の地公企法 7 条 2 項）の管理者は吏員の中から
選任する旨の定めを廃止し、その身分を競争試験や選考を経ず採用しうる
ようにするためであったとされる。他方で、長の補助機関であるとの位置
付けが留保されている理由としては、「地方公営企業が地方公共団体の組
織の一部である限り、経営が極度に悪化した場合の処理は税金を投入して
行わざるをえ」ず、「最終責任は地方公共団体の長が負わざるをえ」ない
ことを考慮したもの、と説明される＊。

＊細谷・前
掲書41頁。

2　公営企業職員の法的地位と法律の適用関係

(1)　身分取扱いについての骨子

　公営企業の職員については、自治体に勤務する地方公務員であるという
点では、一般行政に従事している職員（以下、「一般職員」）と変わりなく、
法律で特別の定めをしない限り、地方公務員の勤務関係を規律する一般法
である地公法の適用を受ける。

　しかし、上述管理者の補助職員たることになり、また、公営企業職員が
従事する職務としては、公権力の行使ではない、住民に対する財・サービ
スの提供であり、それは民間企業の従業員が行っているものと本質的には
変わりがない。また、公営企業においては、一般行政に比べて、収入・支
出の両面において弾力性が高く、企業努力の余地や、勤務体制等について
特殊な勤務形態をとる必要があり、給与・勤務時間等について一般職員と

は異なる取り扱いをした方が合理的な場合もあると考えられる＊。

＊細谷・前掲　書245頁を参照。

　そこで、このような公営企業の業務の性質、内容に照らして、事柄によって、業務内容を同じくする民間企業の労働者と同様あるいはそれに準じた取り扱いをすることが適当な場合がある。このため、公営企業職員のうち法全部適用職員の身分取り扱いについては地公企法において地公法の特例を定め（地公企法 36〜39 条）、そのうち、労働関係については、地公法、労働組合法、労働関係調整法（以下、「労調法」）の特例を定める地方公営企業等の労働関係に関する法律＊＊（以下、「地公労法」）が定められている。

＊＊法制定当初は「地方公営企業労働関係法」だったものが、平成15年の地方独立行政法人法の制定に伴い改名された。

　これらの帰結として、公営企業職員の身分取扱いとして、まず、地公企法および地公労法が適用され、これらに定めのないものについては、地公法が適用される。また、労働関係については、地公労法に規定のない事項については、労働組合法及び労調法による（→表2）。さらに、公営企業職員には、一般職員について適用除外となっている労働基準法及び船員法が災害補償を除いて適用され、最低賃金法も適用される。

表2　地方公営企業職員への関係法の適用関係

項　目	身分取り扱いの概略
労働関係	地公法は適用されず、地公労法、労働組合法、労調法の定めるところによる。
人事（公平）委員会	関与しない。
任　用	地公法の定めるところによる（一般職員と同様）。
給　与	地公法は適用されず地公企法 38 条による。詳細は表3。
給与以外の勤務条件	地公法は適用されず、管理者が企業管理規定で定める。詳細は表3。
分限、懲戒	地公法の定めるところによる（一般職員と同様）。救済制度については表3。
服　務	地公法の定めるところによる（一般職員と同様）。ただし、争議行為の禁止については地公労法 11 条による。また、長の指定する職員を除いて地公法 36 条の政治的行為の制限が適用されない。

　出典：細谷・前掲書 247 頁（一部加筆した）

　一般職員と対比した、公営企業職員の勤務条件等あるいは身分に関する規定の主要なものについて、表3に示した。

　企業職員の指揮監督、身分取扱い（任免、勤務条件、懲戒等）に関する事項については、管理者が掌理する（地公企法 9 条 2 号）。人事委員会は、原則として採用等を除き企業職員の身分取扱いに関与しない（地公企法 39 条）。

表3　地方公営企業職員と労働関係規定

		一般職員	地方公営企業職員
給与		・職務給の原則（職務と責任に応じた給与） ・給与は生計費、国及び他の地方公共団体の職員、民間事業の従事者の給与、その他の事情を考慮して定める ・給与の種類・支給基準・額・支給方法は全て条例で定める	・職務給の原則（職務の**内容**＊と責任に応じた給与）、及び職員が発揮した**能率の考慮** ・給与は生計費、**同一又は類似の職種**の国及び地方公共団体の職員、民間事業の従事者の給与、**当該地方公営企業の経営の状況**、その他の事情を考慮して定める ・**給与の種類・支給基準のみ**条例で定める ・**給与の額・支給方法は企業管理規程で定める** ・**給与の額・支給方法について団体交渉を経て労働協約を締結できる**
その他の勤務条件		・勤務条件を定めるに当たって、国及び他の自治体職員との間の権衡を失しないよう適当な考慮をする義務（均衡の原則）。 ・条例で定める事項に抵触しない事項についてのみ協定を締結できる。 ・勤務条件（給与も含む）は人事委員会の勧告、委員会への措置要求の対象	・均衡の原則は適用されない。 ・**団体交渉が認められ、労働協約締結**も可能（地公労法7条＊＊）。 ・勤務条件（給与も含む）は**人事委員会の勧告、委員会への措置要求対象ではない。**
不利益処分手続等		・不利益処分（分限、懲戒）に関する手続、審査請求等については、地公法49条以下による。	・地公法49条以下については適用が除外される（地公法39条1項）。また、行政不服審査法も適用されない（同条3項）。 　降職、転職、免職、懲戒等の基準に関しては、地方公営企業の管理運営に関する事項を除く部分について団体交渉の対象となる（地公労法7条2号）。不当労働行為該当の場合は、労働委員会に提訴可能（労働組合法7条、27条）。

＊地公企法38条2項は、「職務に必要とされる技能、職務遂行の困難度尾等職務の内容」と規定している。

＊＊地公労法7条は、地方公営企業の管理運営に関する事項については団体交渉の対象から除外している。

＊＊＊ https:// www.jfm. go.jp/ support/ development/ training/ seminar/ qb573f000 00003h3- att/kouei kigyou_ ouyou_01. pdf

総務省自治財政局『地方公営企業等の現状と課題』＊＊＊（2023年）6頁をもとに筆者作成

　これに対して、一般行政部局等においては、長（任命権者）は職員の指揮監督にあたるが、勤務条件等は、原則として条例により定める（地公法24条5項）。また、広く人事委員会（公平委員会）による関与がある（地公法8条）。

⑵　給与、その他勤務条件について

　給与については、条例においてその種類と支給基準のみを定めることとされており（地公企法38条4項）、一般職員の場合（地方自治法204条）とに比べて緩和されている。そして、給料表や手当の額等の具体的な事項は

管理者が企業管理規程により定める（地公企法 9 条 2 項、10 条）。また、給与の額・支給方法も含めて労働条件は団体交渉の対象であり、労働協約を締結できる。

　このような給与決定手続、また、表 3 のような給与の原則がとられているのは、「公営企業が経済性を発揮して能率的な経営を行うためには、職員の勤労意欲が重要な鍵を握っており、職員の勤労意欲の向上と能率性の発揮に見合った給与決定が重要であるという考え方に基づく」とされる＊。

　勤務条件の多くの点について、団体交渉の対象となり、また、労働協約締結が可能であり、労働基本権の行使について民間企業の労働者と同様な権利が保障されているといえるが、他方で、一般職員には適用される地公法等による規定についての適用除外もある。

　勤務条件に関する人事委員会（公平委員会）への措置要求について規定する地公法 46〜48 条は適用除外とされている（地公企法 39 条 1 項）。他方、日常の作業条件について、苦情処理共同調整会議における苦情処理手続による救済（地公労法 13 条 1 項）が図られている。

　⑶　不利益的取り扱い、不利益処分についての救済

　また、不利益な取り扱い等が不当労働行為に該当する場合は、労働委員会に提訴することが考えられる（労働組合法 7 条、27 条）。

　公営企業職員については行政不服審査法の適用も除外されている（地公企法 39 条 3 項）。従って、不利益処分に対して不服がある場合であっても審査請求することはできず、直接、抗告訴訟を提訴することになる。

3　課　題

　最後に、公営企業の人事上の課題について簡略に言及する。

　公営企業の企業性、経済性の追求の立場からは、公営企業の経営自主性を大幅に認めるべきであるといえ、また、地方議会等による政治支配の排除も求められる＊＊。

　この立場によれば、管理者の任用においては、その能力を本位とすることを徹底させるべきことになる。また、一般行政部局の職と公営企業の職の兼務は、上述の通りその業務の特殊性を理由として適用法規を分けているという制度趣旨からは適切でないともいえる。

＊細谷・前掲書248頁。

＊＊下井隆史他『国営・公営企業の労働関係法』（有斐閣、1985年）11頁（下井執筆）。

　しかしながら、少子高齢化によるリソースの不足への対応、行政需要の多様化・高度化への対応が必要であるとの観点からすれば、一般行政部局との連携（例えば、公営企業たる発電部門と長の部局に属する廃棄物対策部門との連携等）が必要であるということもでき＊、自治体の組織の一つにとどめられていることにより、それが容易であるとみることもできる。

（和泉田保一）

＊満田誉他『地方自治総合講座11　地方公営企業』（ぎょうせい、2002年）400頁（室田哲男執筆）。

第 15 章　職員の個別的責任とその範囲

> 公営企業職員が日常的に従事する業務について、いかなる場合に賠償責任が問われるかを、法的根拠と裁判例をもとに概説する。

1　賠償責任の法的根拠

⑴　職員の行為に起因する賠償責任

　公営企業職員の行為によって損害を被った被害者は、民法 715 条 1 項または国家賠償法 1 条 1 項に基づいて、当該企業を経営する地方公共団体に損害賠償を請求することができる。**加害行為が「公権力の行使」であれば国家賠償法 1 条が、そうでなければ民法 715 条が用いられる**＊。民法 715 条が適用される場合、被害者は民法 709 条に基づいて加害職員にも損害賠償を請求できるが、**国家賠償法 1 条が適用される場合には、加害職員個人には賠償請求できない**という判例法理が確立している。また、いずれの場合も、賠償金を支払った地方公共団体は加害職員に対して求償権を行使できるが、民法 715 条 3 項が求償権の行使に特に制限を付していないのに対して、**国家賠償法 1 条 2 項は求償権の行使を故意・重過失がある場合に限定している**。

> **民法 715 条 1 項**
> ある事業のために他人を使用する者は、被用者がその事業の執行について第三者に加えた損害を賠償する責任を負う。（後略）
> **同条 3 項**
> 前二項の規定は、使用者又は監督者から被用者に対する求償権の行使を妨げない。
> **国家賠償法 1 条 1 項**
> 国又は公共団体の公権力の行使に当る公務員が、その職務を行うについて、故意又は過失によって違法に他人に損害を加えたときは、国又は公共団体が、これを賠償する責に任ずる。
> **同条 2 項**
> 前項の場合において、公務員に故意又は重大な過失があったときは、国又は公共団体は、その公務員に対して求償権を有する。

＊国家賠償法 1 条にいう「公権力の行使」について、通説・判例は広義説を採用している。広義説では、私経済作用および国家賠償法 2 条の対象となるものを除く、すべての国・公共団体の活動が「公権力の行使」に当たる。したがって、地方公営企業の活動の多くも「公権力の行使」に該当すると考えられる。

99

表　公営企業職員の行為に基づく賠償責任

(2) 物の設置・管理に起因する賠償責任

また、水道管の破裂による断水など、**地方公営企業が設置・管理する「公の営造物」に瑕疵があることで損害が発生した場合には、国家賠償法2条1項に基づく賠償責任が生じる**。同項に基づいて賠償金を支払った地方公共団体は、工事の請負人や管理・点検の担当者など、瑕疵の作出に関与した原因者に求償することができる（国家賠償法2条2項）。

国家賠償法2条1項
道路、河川その他の公の営造物の設置又は管理に瑕疵があったために他人に損害を生じたときは、国又は公共団体は、これを賠償する責に任ずる。
同条2項
前項の場合において、他に損害の原因について責に任ずべき者があるときは、国又は公共団体は、これに対して求償権を有する。

---

(3) 債務不履行による賠償責任

その他、地方公営企業を経営する地方公共団体と被害者が契約関係にある場合には、債務不履行による賠償責任が生じることもある（民法415条）。

2　裁判例の概観

続いて、公営企業職員の日常業務に関連して賠償責任が争われた裁判例を概観する。賠償責任の成否は個別事案ごとに判断されるため、下記の裁判例から普遍的な規範を抽出することはできないが、各事件で問題とされた業務に賠償責任のリスクが内在しているという認識を持つことは肝要であろう。

(1) 上水道関係

　水道事業に起因する損害賠償請求訴訟として、**最判平成5・12・17判時1483号38頁[西宮斑状歯訴訟]**が挙げられる*。本件では、高濃度のフッ素を含む水道水を飲用したことにより斑状歯（歯冠の表面に白濁した模様が現れる歯の異常）に罹患した原告らが、本件水道の設置・管理に瑕疵があったなどと主張して、国家賠償法2条1項等に基づき、水道事業者である西宮市に対して損害賠償を請求した。本件水道水には基準値を超えるフッ素が含有されていたのであるから、一見すると設置・管理の瑕疵が認められそうであるが、最高裁は、市が、急増する給水人口への対応に苦慮しつつ、フッ素濃度の低い原水との混合希釈やダム建設など、フッ素問題の解決のため相応の努力を積み重ねてきたといった事情を踏まえれば、設備の整った水道施設において基準値を上回るフッ素の含有を放置した場合と同列に論ずることはできないとして、本件における設置・管理の瑕疵を否定した**。本件を設備の整った水道施設へと至る過程で生じた問題と位置付け***、その時点で十分な対策を実施していた水道事業者には責任は認められないとの判断がなされたといえる。

　また、**最判令和4・7・19民集76巻5号1235頁[宮古島市水道事業給水条例事件]**では、常時給水義務を定める水道法15条2項と宮古島市水道事業給水条例（本件条例）における免責条項の関係が問題となった。本件では、配水池に設置されたボールタップの不具合によって生じた継続的な断水により営業損害等を被った宿泊施設経営者が、水道事業者である市に対して、給水契約の債務不履行等に基づく損害賠償を求めた。これに対して、市は本件条例16条3項の免責条項によって賠償責任は否定されると主張した。

水道法15条2項
水道事業者は、当該水道により給水を受ける者に対し、常時水を供給しなければならない。ただし、……災害その他正当な理由があってやむを得ない場合には、給水区域の全部又は一部につきその間給水を停止することができる。（後略）

宮古島市水道事業給水条例16条1項
給水は、非常災害、水道施設の損傷、公益上その他やむを得ない事情及び法令又はこの条例の規定による場合のほか、制限又は停止することはない。

> **同条3項**
> 第1項の規定による、給水の制限又は停止のため損害を生ずることが
> あっても、市はその責めを負わない。

　下級審は、本件条例16条3項は、給水の制限・停止の原因となった水
道施設の損傷が故意・重過失によるものである場合を除き、損害賠償責任
を免除した規定であるとの解釈を示したうえで、本件では故意・重過失は
認められないとして損害賠償責任を否定した。これに対して、最高裁は、
本件条例16条1項は水道法15条2項の内容を確認したものにすぎないか
ら、本件条例16条1項の「非常災害、水道施設の損傷、公益上その他やむ
むを得ない事情」等による場合は、水道法15条2項ただし書の「災害その他正当な理由があってやむを得ない場合」と同内容を意味するとしたう
えで、**本件条例16条3項は、水道法15条2項ただし書により給水義務**
を負わない場合に、給水義務の不履行に基づく損害賠償責任を負わないこ
とを確認した規定にすぎないと判示して、破棄差戻しを命じた。

　差戻審では、本件断水が水道法15条2項ただし書の「災害その他正当
な理由があってやむを得ない場合」に当たるかが争点となる。軽過失によ
る水道施設の損傷は上記場合に当たらないという判断もあり得るところで
あり、判示内容次第では水道事業の実務に大きな影響を及ぼすことが予想
される。

⑵　個人情報関係

　広島地判平成28・9・9LEX/DB文献番号25545834では、地方公営企業
における個人情報の取り扱いが問題となった。本件では、市営バス事業の
廃止・路線移譲とそれに伴う移譲先企業への職員の再就職に際し、呉市交
通局副局長が、原告を含む元交通局職員183名の人事考課情報等をその同
意なく移譲先に提供した行為について、国家賠償法1条1項に基づく損害
賠償請求がなされた。広島地方裁判所は、人事考課情報等は交通局の内部
情報であること、その利用目的は交通局によるバス事業の経営に限られる
こと、職員の継続雇用が保障されていなかったことを踏まえると、たとえ
職員の再就職に資することを意図していたとしても、本件情報提供を人事
考課情報等の利用目的の範囲内であると認めることはできず、目的外利用
の禁止について定めた呉市個人情報保護条例10条1項*に違反するとして、

*現行の個
人情報の保
護に関する
法律69条に
相当する。

国家賠償責任を肯定した*。

⑶　人事管理関係

　地方公営企業における人事管理をめぐっても、賠償責任が問われること
がある。例えば、大阪高判令和元・9・6労判1214号29頁では、交通局
職員のひげを規制する身だしなみ基準およびそれに基づく人事評価の違法
性が争われた。大阪市交通局職員として地下鉄運転業務に従事していた原
告らは、口元と顎の下等に常時ひげを生やしていたことについて、再三に
わたって上司らから「髭を伸ばさず綺麗に剃ること」と定めた「職員の身
だしなみ基準」（本件身だしなみ基準）に従ってひげを剃るよう指導され、
これに従わなかったところ、人事考課では最下位または下から2番目の区
分とされた。原告らは、①本件身だしなみ基準の制定、②上司らによる業
務上の指導、③人事考課における低評価は、人格権としてのひげを生やす
自由を侵害して違法であると主張し、国家賠償法1条1項に基づいて損害
賠償を請求した。大阪高等裁判所は、①については、ひげが剃られた状態
を理想的な身だしなみとする服務上の基準を設けることには一応の必要性、
合理性があるし、本件身だしなみ基準はあくまでも職員の任意の協力を求
めるものであることから、その制定自体は適法であると判示した。他方、
②については、人事上の処分や退職を余儀なくされることを示唆した指導
は任意の協力を求める本件身だしなみ基準の趣旨を逸脱したものであると
して、③については、ひげを生やしていることを主たる減点評価の事情と
しており裁量権を逸脱・濫用したものであるとして、いずれも国家賠償法
上違法であったと判示されている。

（近藤卓也）

* もっとも、本件における中心的争点は、消滅時効の成否であった。第1審はこれを否定したが、控訴審（広島高判平成29・3・8 LEX/DB文献番号25545835）は、消滅時効が完成しているとして、原告らの請求を棄却した。

第４部　主要分野別の制度と課題

第16章　上水道事業

> 経営合理化が（民営化）がかねてより提唱されてきたことを念頭に、主に広域化と組織統合といった公営企業の主体的変化についてどのような課題が制度面にあるかを取り上げる。

1　水道事業の現状

　わが国の水道は、平成29年度末において98％という普及率に達しており、水質、水量、事業経営の安定性などの面において、世界でも最も高い水準の水道を実現・維持している国の１つとなっている。

　しかし、今後本格的な人口減少社会を迎え、水需要の減少に伴う水道事業および水道用水供給事業（以下、「水道事業等」という）の経営環境の悪化が予測されている。そのような状況の中、老朽化施設の計画的更新、災害発生に備えた施設整備、技術継承を含む技術基盤の確保、安定的な経営基盤の確保、地球温暖化対策の推進など、さまざまな課題がある。

　これらの課題に適切に対応していくため、水道事業者および水道用水供給事業者（以下、「水道事業者等」という）は地域の実情を踏まえつつ広域化を進めていくとともに、官官、官民連携等によるそれぞれの長所を活用した施設利用や事業活動等の面から、効率のよい水道への再構築を図ることにより、運営基盤の強化を図ることが求められている＊。

> ＊令和元年9月　厚生労働省医薬・生活衛生局水道課「水道事業における官民連携に関する手引き」。

2　基盤強化に向けた取組み

⑴　広域化

　水道事業は主に市町村が経営しており、小規模で経営基盤が脆弱な事業者が多いことから、施設や経営の効率化・基盤強化を図る広域連携の推進が重要である。これにより、料金収入の安定化やサービス水準等の格差是

＊国土交通省ＨＰ「水道事業の基盤強化及び広域連携の推進」P.3.4

正、人材・資金・施設の経営資源の効率的な活用、災害・事故等の緊急時対応力強化等の大きな効果が期待される。

　これまでの広域化実施事例を類型化すると、概ね「垂直統合型」「水平統合型」「弱者救済型」の３パターンに整理され、それぞれにメリットデメリットがある＊。

表　水道広域化の類型化

	垂直統合型	水平統合型	弱者救済型
形態	用水供給事業と受水末端事業との統合（経営統合を含む）	複数の水道事業による統合（経営統合を含む）	・中核事業による周辺小規模事業の吸収統合（経営統合を含む）
メリット	・既に施設が繋がっているため、施設の統廃合を行いやすい。 ・末端事業が所有する水源や浄水場等の廃止が可能 ・施設統廃合に伴う事業費の削減により水道料金上昇を抑制 ・水源から蛇口まで一元的に管理でき、安全度が向上	・経営資源の共有化 ・規模の拡大に伴い、業務の共同化や民間委託の範囲拡大など効率的な運営による効果が大きい ・施設統廃合に伴う事業費の削減により水道料金上昇を抑制	（中核事業） ・中核事業体としての地域貢献 （小規模事業） ・水道料金の上昇を抑制 ・給水安定度の向上 ・事業基盤が安定
デメリット	・給水安定性向上のためには、末端間の連絡管整備が必要となり、事業費の増大となる場合がある。	・地理的条件から施設統廃合ができない場合に、統合によるメリットは少なくなる ・水道料金上昇が伴うと、複数の事業体による料金決定が困難になる場合がある。	（中核事業） ・給水条件の悪い事業を統合する場合は、経営的な負担が増す。 （小規模事業） ・統合に伴う施設整備費の負担が発生 ・出資金や借金の清算等、広域化にあたり一時的な財政負担が発生
主な事例	・岩手中部地域 ・中空知地域 ・淡路地域	・埼玉秩父地域 ・群馬東部地域	・北九州市

日本水道協会　平成 29 年度全国会議シンポジウム「水道事業の広域化」参照。

　広域化にあたっては、対象や各水道事業者等の経営状況等を考慮する必要がある。また、事業体によっては一時的なコストがかかったり、料金水準の見直しが必要となったりするため、水道事業者等の間の利害関係の調整に困難を伴う場合がある。

　このため、国は都道府県に対し、令和４年度末までに「水道広域化推進プラン」の策定を要請する通知を出した。この中で、水道事業者等の経営

統合のほか、浄水場等一部の施設の共同設置や事務の広域的処理等、多様な方策がある広域化を推進するため、都道府県が区域内の水道事業に係る広域化の推進方針及び、これに基づく当面の具体的取組の内容やスケジュール等について定めることとした。

　これを受け、全都道府県において水道広域化推進プランが策定され、今後、都道府県は、水道広域化推進プランに基づく取組を推進する役割を担い、**水道事業者等については、都道府県とともに、水道広域化推進プランを踏まえ、水道事業の広域化に取り組むことが重要であるとした**＊。

　また、令和元年 10 月 1 日に施行された改正水道法においては、水道施設の維持管理及び計画的な更新、水道事業等の健全な経営の確保、水道事業等の運営に必要な人材の確保及び育成等を図ることにより、広域化も含めた基盤の強化が求められることを法律上明記した。

　そして、広域化の推進に向け、**関係者の責務の明確化（水道法 2 条の 2 関係）、水道基盤強化計画の策定（水道法 5 条の 3 関係）、広域的連携等推進協議会の設置（水道法 5 条の 4 関係）が定められた**＊＊。

(2) 官 民 連 携

　水道事業者等は地域の実情を踏まえつつ広域化を進めていくとともに、運営基盤の強化を図ることが求められていることは、すでに述べたとおりである。

　官民連携に関する制度の整備としては、PFI 法が、平成 11 年 9 月に施行された。これは公共事業の実施にあたり、これまで国や地方公共団体等が実施していた公共施設等の建設、維持管理、運営等を、民間の資金やノウハウを活用して行う手法で、従来よりも効率的かつ効果的に公共サービスを提供することを目指したものである。

　その後、平成 14 年 4 月に施行された改正水道法により、水道事業における管理体制強化方策の一つとして、水道の管理に関する技術上の業務を、水道事業者等及び需制強化方策の一つとして、水道の管理に関する技術上の業務を、水道事業者等及び需要者以外の第三者に委託できる制度が創設された。

＊平成31年1月25日総務省・厚生労働省「水道広域化推進プラン」の策定について。

＊＊令和元年9月30日厚生労働省「改正水道法等の施行について」。

　平成23年6月には、コンセッション方式の創設などを盛り込んだPFI法改正法が公布され、施設の所有権を地方公共団体が所有したまま、施設の運営権を民間事業者に設定することが可能となったが、施設の運営権を民間事業者に設定するためには、地方公共団体が水道事業の認可を返上した上で、民間事業者が新たに認可を受けることが必要であった。

　そのため、不測のリスク発生時に地方公共団体が責任を負うことができないことから、改善が求められていた。実際、いくつかの地方公共団体において水道事業等へのコンセッション方式の導入のための検討が進められたが、導入には至らなかった。

　それを受け、平成30年12月には、水道事業等の確実かつ安定的な運営のため公の関与を強化し、最終的な給水責任を地方公共団体に残した上でコンセッション方式の導入を可能とする水道法改正が行われた。

　これにより、地方公共団体が、水道事業者等としての位置づけを維持しつつ、厚生労働大臣の許可を受けて、水道施設に関する厚生労働大臣の許可を受けて、水道施設に関する公共施設等運営権を民間事業者に設定できる仕組みが導入された。

　これらの制度整備が進められたことにより、各水道事業者等は様々な連携形態を採用できるようになり、それらを活用しながら運営基盤の強化を図ることが期待されている。

＊令和6年3月　厚生労働省医薬・生活衛生局水道課「水道事業における官民連携に関する手引き」。

　水道事業において想定される連携形態について、個別委託（従来型業務委託）、第三者委託、DBO、PFI、コンセッション方式、完全民営化等があるが、それぞれ特徴やメリット・デメリットがあることから、各水道事業者の現状把握及び将来像設定のための検討項目、把握した現状と将来像から比較検討する必要がある*。

3　官民連携の取り組み事例

＊＊大阪市水道局HP

(1)　大阪市の事例＊＊

　大阪市水道局では、大規模地震等に備えた耐震管路網の早期構築を目的として、令和2年10月に「PFI管路更新事業」の募集要項等を公表し、2コンソーシアムから応募があり手続きを進めていた。

　しかし、令和3年9月に両応募者から辞退届が提出された。事業者からヒアリングを実施し、事態に至った原因については、事業費について、施

行条件の不確実性による増加リスクが事業者にとって過大であること、
ベース単価上昇分を反映させるスキームがないことがあった。

　そのため、16 年間という長期間かけて管路全体の耐震化率を上げるの
ではなく、切迫性が指摘されている巨大地震への備えとして市域における
広域断水の早期回避に資する管路の更新に重点化することとし、事業期間
の短縮と事業費の圧縮を図ることとした。

　これらを踏まえ、令和 5 年 6 月に、「大阪市水道基幹管路耐震化 PFI 事業」
について、入札公告及び入札説明書等の公表を行った。

(2)　宮城県の事例*

　宮城県では、人口減少による水需要の減少及び老朽化施設等の更新需要
増大への対応にあたり、県独力の施設の統廃合等の経営努力では水道料金
の上昇は不可避であったことから、令和 2 年 3 月に「みやぎ型管理運営方
式」の運営権者の公募を開始し、令和 4 年 4 月から事業を開始している。

　上工下水道の計 9 事業を一体でコンセッション方式により 20 年間運営
し、従前と比較して大幅なコスト削減を図り、水道料金の上昇幅を抑制す
ることができた。

　コンセッション実施にあたり、運営権者に最低限の要求水準を遵守させ、
水道サービスの質の低下を防ぐため、運営権者、県及び経営審査委員会に
よる 3 段階のモニタリングを実施こととし、このうち、県は財務及び維持
管理の観点から運営権者をモニタリングすることとしている。

　これにより、運営権者の要求水準の遵守状況を確認するとともに、3 者
による重層的なモニタリングにより、運営状況を厳しく監視している。も
し、重大な要求水準違反が確認された場合には、要求水準違反違約金が発
生することにより、水道サービスの質の低下を防ぐこととしている。

（新井啓史）

第17章　下水道事業

> 下水道事業の特徴として仕組・財源・運営を概説した上で、東京都の事例を
> もとに下水道事業に係る経営課題のうち主要な3項目のポイントを示す。

1　下水道事業の特徴

(1)　下水道の仕組

　下水道は、家庭や工場などから排出された汚水を処理し、快適な生活環境を確保している。併せて、雨水を排除し都市を浸水から守る治水の一翼を河川とともに担っている。さらに、川や海などの公共用水域の水質を改善し保全する役割もある。

　下水道の施設は、下水道管、ポンプ場、処理場の主に3つであり、下水道管に傾斜をつける自然流下方式により、下水を家庭や工場などから処理場に流しており、下水道管が深くなりすぎないように途中で下水をくみ上げるポンプ場を設置している。これらの施設の設置は地形、降水量、その他の自然条件により左右されるため、**事業主体ごとに下水道の施設状況が異なっている**。

(2)　下水道の財源

　主要な財源として、下水道料金、一般会計繰入金、国費の3つがある。

　下水道は汚水と雨水を扱っており、それぞれ私費（下水道料金）負担と公費（税金＝一般会計繰入金）負担があるが、汚水の公費部分と雨水の私費部分は互いに相殺できるとされ、雨水排除経費を公費で、汚水処理経費を私費で負担している。これを**雨水公費・汚水私費の原則**といい、日本の下水道事業における基本的な考え方となっている。

　また、建設にあたっては主要な施設に国費が充当されており、それ以外は企業債が充当されるが、後年度に発生する元金・利子を雨水公費・汚水私費の原則に基づき一般会計繰入金と下水道料金で負担している。

　国費は、全国の下水道整備を推進するため、下水道法及び政令を根拠として措置されており、具体的には旧建設省告示（昭和46年第1705号）に

基づき、口径が大きい主要な下水道管やポンプ場、処理場が国費対象となっている。国費率は2分の1等であり、**下水道施設の建設財源には国費が高い割合を占めている。**

図　公共下水道事業の建設費・維持管理費の財源

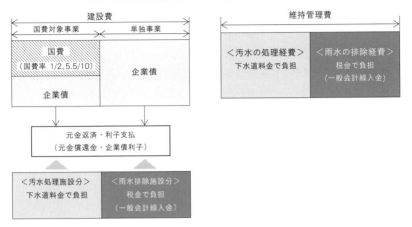

　公営企業としての下水道の独立採算制は、経費の中から本来独立採算になじまないものを取り除いたうえで成立するものであり、国費や一般会計繰入金等によって賄われる経費以外を下水道料金の対象原価とする**総括原価主義**により料金決定がなされている。また、下水道料金の体系は個々の使用者の使用実態に応じて配分された個別原価に等しく決定されるという、**個別原価主義**の考え方を基調としており、大都市（東京都区部と政令指定都市。以下同じ。）では汚水排出量が多くなれば料率単価も高くなる従量逓増制が用いられている。

　(3)　**下水道事業の運営**

　下水道の機能を速やかに発揮するため、住民には下水道への接続が義務付けられており、その不履行に対しては行政代執行ができるうえ、罰則も課しうることから、**下水道の事業主体は市町村又は都道府県に限定されて**いる。

　下水道事業を運営する組織形態として、下水道単独の組織以外に、上下水道を統合した組織や河川部門などと同一組織で運営されている事例もあり、**事業主体によって多様な組織形態**となっている。大都市はそれぞれ公共下水道事業を運営しているが、21都市中、下水道単独は3都市、上下

水道同一組織は 8 都市、建設部門と同一組織は 9 都市、環境部門と同一
組織は 1 都市となっている。

　下水道事業は地方公営企業法の適用は任意となっているが、正確な損益・
資産等の状況を把握し経営戦略に反映させるため、総務省から全部または
一部（財務規定等）の適用が要請されており、**地方公営企業法の適用**が進
んでいる。財務規程のみを適用している事業主体も多く、大都市中、9 都
市が全部適用、12 都市が財務規定のみを適用している。

　また、公共用水域の水質保全や下水道の整備促進の観点を踏まえると、
広域的に計画し集約して処理を行う方がより効果的・効率的であることか
ら、幹線管渠や処理場といった基幹施設を都道府県が設置・管理し、関連
する市町村が幹線管渠までの施設を設置・管理する**流域下水道**により**事業
の広域化**が図られている。

2　下水道事業の経営課題

(1)　下水道施設の老朽化対策

　国は令和 8 年度末までに汚水処理施設整備の概成を目指しているが、東
京都区部では平成 6 年度末に下水道普及率が 100％概成し、その後 30 年
近く経過しているため、下水道施設の老朽化が進行している。また、古い
時期に設置された施設は雨水排除能力や耐震性が不足していることから、
アセットマネジメント手法を活用しながら、**老朽化対策と併せて雨水排除
能力の増強や耐震性の向上などを図る再構築**を計画的に実施している。引
き続き、サービス継続のため着実に取り組む必要がある。

(2)　必要な財源の確保

　下水道料金の対象経費の算定にあたっては、一般会計繰入金の負担割合
を含め、将来の一定期間における事業運営に必要な経費を適正に把握する
必要があることから、3〜5 年程度を計画期間とする中期的な財政運営の
指針となる財政計画を策定することが必要となっている。

　国費について、先述の旧建設省告示では、汚水処理の衛生処理システム
の概成後は、原則、汚水に関する下水道管の維持更新のうち、新規事業分
については、国庫補助負担事業を廃止する、とされているが、下水道事業
の公共的役割に対する国の責務を踏まえ、必要な国費の確保を図っていく
必要がある。

⑶　適切な事業運営体制

　東京都区部では、下水道事業を安定的に運営していくため、下水道局、東京都の出資子会社、民間事業者の三者がそれぞれの特性を活かした役割分担のもと、連携を強化して事業を運営している。また、既存施設を活用した発電事業などにおいて PPP/PFI 手法を活用している。

　多摩地域においては、広域化・共同化計画に基づいて、市の単独処理場を流域下水道に編入する取組を進めるとともに、市町村との連携を強化し、効率的な下水道事業運営に取り組んでいる。

　事業主体の状況を踏まえた**適切な事業運営体制**の構築が必要である。

（織田　亨）

第18章　交 通 事 業

> 交通事業のうち自動車運送事業について、道路運送法の適用や法改正による
> 規制緩和を概観した上で、都営バスにおける赤字バス路線維持のための具体
> 的取組や、公営交通事業者としての行政的役割について概説する。

1　道路運送法の適用と規制緩和

⑴　地方公営企業法と個別法（事業法）の適用

　東京都交通局は、地方公営企業法に基づき、独立採算制の原則により、
自動車運送事業（都営バス）、軌道事業（東京さくらトラム（都電荒川線))、
新交通事業（日暮里・舎人ライナー）、高速電車事業（都営地下鉄）等を経
営している。これらの事業には、個別法（事業法）が存在しており、自動
車運送事業は道路運送法の規定の適用を受けている。

⑵　道路運送法に基づく国への手続き

　都営バス（乗合バス）は、路線を定めて定期に運行するバス（路線定期
運行）であり、不特定多数の旅客を乗り合わせて運送する「一般乗合旅客
自動車運送事業」として、道路運送法第4条に基づき、国土交通大臣の許
可を受けて経営している。

　また、路線定期運行の事業計画変更等に係る国への主な手続きとして、
路線の新設や延長、上限運賃の変更等の際には認可申請が、営業所ごとに
配置する事業用自動車の車両数の変更や実施運賃の変更等の際には事前の
届出が、バス停留所の新設・変更等の際には事後の届出が必要となってい
る。

　これら道路運送法に基づく手続きは全ての路線バス事業者に求められて
おり、事業計画等を変更する際には、都営バスも民間バス事業者と同様に
認可申請や届出等の手続きを行っている。

⑶　道路運送法改正による規制緩和

　都営バスは、主にJR山手線と荒川に囲まれる内側の地域及び江戸川区
の一部と多摩地域の一部のエリアを運行している。これは、従来、陸上交
通事業調整法に基づき、国が需要と供給のバランスを判断し、新規参入を

制限する需給調整規制を行い、事業区域ごとの免許制を採用してきたことに由来している。この需給調整規制は、高度経済成長期の旅客需要の増大に対応した適正な輸送力の確保や運輸サービスの質の確保等を図る上で効果のあるものだった。

しかしながら、安定成長の時代となり、需要増加が期待できなくなる中、2002年2月、事業者間の競争を促進することにより、事業活動の効率化、活性化を通じてサービスの向上・多様化を促し、その発展を図ることを目的として、需給調整規制が廃止されることとなった。これにより、原則として新規参入が自由化され、バス事業者間の競争は激化することとなった。

表1　道路運送法の改正（2002年2月）による主な変更点

	旧	新（2002年2月1日以降）
需給調整	路線又は事業区域に係る供給輸送力と輸送需要量の均衡を維持	撤廃
新規参入	免許制	許可制
路線廃止	許可制	事前届出制
運賃	確定額認可制	上限認可制

① 新規参入については、需給調整規制を前提とした免許制から、一定の条件を満たすことを審査する許可制へ変更
② 赤字路線の撤廃は、許可制から、一定期間を設けた事前届出制に変更
③ 運賃は上限のみを認可とし、実施運賃は認可された上限運賃の範囲内で届出制に変更

さらには、2006年5月、コミュニティバス*など地域ニーズに応じた新たな形態の輸送サービス等に柔軟に対応することを目的として、道路運送法が改正され、都営バスの事業エリアにおいてもコミュニティバスを運行する事業者などが参入した。

しかしながら、都営バスをはじめとする路線バスは、主に広域的かつ基幹的な路線を運行しているのに対し、コミュニティバスは、国のガイドラインにおいて、交通不便地域の解消などを図るため、各自治体が主体的に計画するものとされており、こうした役割分担のもと、地域の身近な移動を支えている。

*交通空白地域・不便地域の解消を図って、区市町村等が主体的に計画し、一般乗合旅客自動車運送事業者に委託して運営を行う乗合バス

2　赤字バス路線の維持等

⑴　公共負担制度の導入

1980年頃、交通事業は従来、公共交通機関としての性格上、採算性が

低い路線も他の黒字路線の収益によって赤字を補填する、いわゆる内部補助により維持・存続させるべきであるとされていた。

こうした路線は、公営企業の独立採算制の原則からすれば、廃止の対象とせざるを得なかった。しかし、「バスに頼らざるを得ない地域で、しかもバス路線の維持が企業としての採算の限界を超えるなどの場合には、路線運営費の補助を考慮すべきである」（1978 年、東京都交通問題対策会議小委員会の報告）、「内部補助可能な限度を超えてバス路線を存続する場合は、その性格内容により、特別区や市町の公共負担を検討すべきである」（1980年、東京都公営企業等財政再建委員会答申）といったように、住民の足を確保する責務を有する地域の地方公共団体と連携することで、路線の維持・存続を図ろうという動きが出てきた。

こうした中、著しい赤字路線となっていた多摩地域のバス系統について、公共負担を前提に存続を図るため関係自治体と協議を行った結果、1984 年、関係自治体と公共負担を前提とした協定を締結し、存続を図った。

また、台東区からの要請を受け、赤字額の公共負担を行うことに関する協定を締結し、1986 年、浅草北部地域における路線を新設、運行を開始した。

⑵　都営バス営業所の管理委託

2002 年、需給調整規制を廃止し競争を促進することなどを目的とした道路運送法の改正により、益々厳しい状況に置かれた都営バス事業は、経営の効率化が重要な課題となっていた。その方策の 1 つが管理の委託である。

管理の委託とは、道路運送法第 35 条に基づくバス事業の管理の受委託のことで、路線やダイヤ、運賃の決定権を留保したまま、車両、営業所施設等を貸与し、運転業務、運行管理業務及び車両管理業務を一体として、乗合事業を行うための事業許可を有する他事業者へ委託するものである。これにより、不採算であっても地域に必要な路線の収支改善を図り、公共交通としての利便性を確保することにより、公営としての経営を継続し、その使命と役割を果たすことを目指した。

管理の委託は、2003 年に杉並支所を委託した後、臨海支所、青戸支所、港南支所、新宿支所へ順次拡大し、2024 年 4 月 1 日現在、5 支所で実施している。

(3) 鉄道開業や地域開発による乗客潮流の変化への対応

バス路線は鉄道と異なり、大規模なインフラを整備することなく路線を設定できることから、需要の変化に比較的柔軟な対応が可能である。このため都営バスは、需要の動向に合わせて路線の変更を行ってきた。

① 地下鉄や新交通開業に伴う路線の改廃

2000年の都営地下鉄大江戸線（都庁前〜飯田橋〜両国〜大門〜六本木〜新宿〜光が丘）の全線開業時は、バスから地下鉄への乗客の移行が見込まれる路線の短縮・適正化等を図った。

2008年の日暮里・舎人ライナー（日暮里〜見沼代親水公園）や東京メトロ副都心線（和光市〜池袋〜新宿三丁目〜渋谷）の開業時は、並行する路線の運行本数を大幅に減便した。

表2 大江戸線全線開通時（2000年12月12日）の路線の改廃一覧

		旧		新	
	系統	運行区間	系統	運行区間
短縮	橋86	目黒駅〜日本橋三越	橋86	目黒駅〜新橋駅
	四92	品川車庫〜四谷駅	反96	五反田駅〜五反田駅（循環）
	反96	五反田駅〜溜池		
	渋88	渋谷駅〜東京駅丸の内南口	渋88	渋谷駅〜新橋駅北口
	都03	新宿駅西口〜晴海埠頭	都03	四谷駅〜晴海埠頭
	茶51	王子駅〜東京駅丸の内北口	茶51	駒込駅南口〜御茶ノ水駅
	草28	葛西橋〜神田駅	両28	葛西橋〜両国駅
廃止	黒10	目黒駅〜東京駅丸の内南口	―	―
	茶81	渋谷駅〜順天堂病院	―	―
	田70	港区スポーツセンター〜新宿駅西口	―	―
	秋76	新宿車庫〜秋葉原駅東口	―	―
	四80	四谷駅〜赤坂アークヒルズ	―	―
	水59	巣鴨駅〜一ツ橋	―	―
	東17	潮見駅〜東京駅八重洲口	―	―
	深夜中距離	銀座〜三鷹駅北口	―	―

② 商業施設開業等に合わせた路線の増強

2003年、港区の六本木ヒルズ開業に合わせ、渋谷駅〜新橋駅間を運行する都01系統の折返系統として、渋谷駅〜六本木ヒルズ間の運行を

開始した。

　近年においては、開発が進む臨海地域において、江東区の有明ガーデン開業等に合わせ、路線の増便等を行った。

3　公営交通事業者としての役割

　公営企業は、住民の福祉の増進を目的としていることから、地方公共団体の一員として、様々な行政課題の解決に向けた取組の一翼を担う立場にある。

⑴　バリアフリー化の推進

　都営バスでは、東京都の福祉のまちづくり施策の一環として、誰もが安全かつ容易に利用できる「人にやさしいバス車両」の導入に積極的に取り組んでいる。

　1996年度には、国の先駆的事業として、他の3都市（横浜市、名古屋市、京都市）の公営交通事業者とともに、ノンステップバス*を国内で初めて試験的に導入した。

　その後、2003年度には、国において「標準仕様ノンステップバス」の認定制度が創設され、都営バスでは、2012年度末に全車のノンステップバス化が完了した。

　さらに、都営バスでは、より一層のバリアフリーを追求するため、2018年度、車内後方の通路段差を解消したフルフラットバスを国内で初めて導入し、2024年4月1日現在、29両を保有している。

⑵　車両の環境対策

　都営バスでは、東京都の環境対策の一環として、「環境にやさしいバス車両」の導入に積極的に取り組んでいる。

　1991年度以降、各種ハイブリットバス**を試験的に導入するとともに、1994年度にはCNG（圧縮天然ガス）バスの導入を開始した。その後、低床及び低公害を兼ね備えた「CNGノンステップバス」をバスメーカーとともに開発し、1998年度に国内で初めて試験的に導入した。

　さらには、2003〜2004年度には、水素エネルギーを活用した「燃料電池バス・パイロット事業」として、国内で初めて燃料電池バスの営業運行による実証実験を行い、2016年度に市販車では国内初となる燃料電池バスの営業運行を開始した。2024年4月1日現在、国内バス事業者最多の

> *誰でも容易に乗り降りできるよう、床面高さを約30cmとし、ステップをなくしたバス

> **電気モーター等を発進・加速時のエンジンの補助動力とし、排出ガスを低減するバス

75両の燃料電池バスを保有しており、2024年度末までに80両まで拡大する計画としている。

(3) 非常時等の特別輸送

都営バスは、災害発生時や大規模イベント開催時などの特別輸送の対応でも重要な役割を果たしてきた。

1986年の伊豆大島三原山噴火による全島民避難時には、船で避難してきた島民を各埠頭から都内に点在する避難場所へ輸送したほか、2011年の東日本大震災時には、被災地へ派遣される医療従事者等を輸送するなど、緊急的な対応が求められる場面で役割を果たしてきた。

また、東京2020オリンピック・パラリンピック競技大会における選手・メディア関係者等の輸送や、新型コロナウイルスワクチン大規模接種会場への接種希望者の輸送などを担った。

上記は都営バスの一例にすぎないが、公営交通事業者は地方公共団体の一員として、様々な行政課題の解決に向けて、その役割を果たすことが求められている。

（小林由幸、若田瑞穂）

第19章　電気・ガス事業

```
公営企業が経営する電気・ガス事業は、必ずしも多くはないが、複数の自治
体において依然存在しており、民営化などが問題となることがある。また、
両事業はともに、いわゆる業法（電気事業法・ガス事業法）に基づく規制関
係があることから、これらに関する公営企業としての論点を概観する。
```

1　公営電気・ガス事業の位置づけ

　電気・ガス事業はともに生活必需的サービスであり、公益性が高い事業である。しかし、公営企業により営まれる電気・ガス事業は、電気事業の場合は河川総合開発事業の参画による卸事業としての水力発電事業を、ガス事業の場合は導管による小売ガス供給事業をそれぞれ担ってきた経緯がある。もっとも、民間企業が占める割合に比べてごくわずかであり、年間販売量（年間発電電力量、年間ガス販売量）は全体の約2%未満である（電気は0.9%、ガスは1.5%）*。

　このように、公営による電気・ガス事業は、上下水道事業における公営企業が販売額に占める割合で9割超に達する**のに比べて、極めて低いことからも、両事業が自治体の財政改善を目指した大きな制度改革が求められる顕著な事業ではなかったと思われる。しかし、電気事業でいえば地域需要に見合う形での地球温暖化を目指した再生可能エネルギー源の開発・促進（→2）、また、ガス事業でいえば民間企業が供給しない地域（例、従来供給してこなかった低需要地域、導管通過地域等）のための貴重な担い手といったように（実態について→3）、依然として公営電気・ガス事業は重要な立場にあるといえる。

2　両事業共通の課題

ここでは、両事業に共通の課題に留意しておくことにする。

⑴　共通課題①──経営関係

　公営企業が占める比率から、電気・ガス事業において民間企業に対する直接的な経営上の影響があるとはいいがたいだろうし、また、公営電気事

＊ただし、公営電気事業が占める施設数の割合は電気事業全体に対して7.6%、水力に限れば19.8%である。総務省自治財政局編『地方公営企業年鑑』第69集（以下、「年鑑」という）112頁参照。

＊＊総務省編『令和4年版（令和2年度決算）地方財政白書』第26表参照。

業では発電事業が主とされるため、同事業全体に及ぼす影響はが限定されているともいえる。しかしその一方で、公営ガス事業のように、熱源としてのガスの生活必需性と経営合理化の要求が厳存する以上、公営企業のまま存続させるべきか民間企業に譲渡すべきか（いわゆる「民営化」問題）といった政策課題は絶えず存在する。

(2)　共通課題②──法適用関係

公営企業である以上、電気事業とガス事業はともに地方公営企業法の適用を受けるが（2条1項6・7号）、電気事業の場合、「法適用企業」と「非法適用企業」の二種類が存する点が、ガス事業とは異なるところである（詳細は→3(1)）。この意味において、地方公営企業法の規律を受けることで経営の合理化を進める企業に対し、そうではない企業における経営合理化をどのように進めるかという課題が考えられる（この点についての一般論として 序章① ）。

他方、地方公営企業であっても電気事業法とガス事業法の対象事業とされる場合は両事業法の適用も受けることになる。ただし、規制改革（電力システム改革・ガスシステム改革）進展後において、自由な料金設定を前提とされるようになったため、例えば、利用者に応じた料金メニューの設定などのように、二つの事業法がそれぞれ適用されることに伴う齟齬が生ずることは少なくなったと思われる。

なお、公営ガス事業は導管による供給がもっぱらであるため（実態は→4）、液化石油ガスのうちプロパンガスのボンベ販売業に係る「液化石油ガスの保安の確保及び取引の適正化に関する法律」との適用関係は問題が生じない。

3　公営電気事業における課題

(1)　全国の実態

公営電気事業は、主に水力発電事業によって占められるが、その他として、ごみ発電事業（スーパーごみ発電、ごみ固形燃料発電）および再生可能エネルギー源を用いた事業（風力・太陽光発電）がある。その数は公営ガス事業以上に多数を占めており、令和3年度の統計によれば、全体で97事業（施設数は502か所）、そのうち「法適用企業」は31事業、「非法適用企業」が66事業とされる*。ここで「非法適用企業」とされるのは、電

＊務省自治財政局編・年鑑112、116頁参照。

121

気事業法にいう「電気事業」の定義に含まれない規模等の事業であるが、事業数からすると「法適用企業」を上回っている。

　ただし、これまでの経営実態から、公営電気事業は基本的には経常黒字にあり、少なくとも顕著な赤字体質にはない。また、全国的に電力不足が続く中での販売額の伸びは、従前からの経営体質そのものに具体的に課題とされる余地は少なかったことを示すものと思われる。

(2) 具体的課題

　しかし、課題が皆無というわけではない。当面の経営体質を越えて指摘可能な公営電気事業における具体的課題として、地球温暖化防止を狙いとした再生可能エネルギー源の導入に係る課題がある。例えば、総務省自治財政局では、このようなエネルギー源による売電事業のコスト・リスクの観点から「十分な調査により発電量や売電収入を的確に把握し想定されるコストと比較するなど、事業性の有無を勘案して実施することが必要である」とされている*。特に、固定価格買取制度（いわゆる FIT 制度）や固定買取プレミアム制度の活用は、経常収益の向上を図るうえで重要な施策ととらえることができる。

4　公営ガス事業における課題

(1) 全国の実態

　公営ガス事業は、導管による供給事業者からなるが、その主体は民間企業へと事業譲渡される傾向にある（いわゆる「民営化」）。公営企業の存在は喪失するものの、施設等が自治体に保有されたまま経営権の譲渡が行われるいわゆる「コンセッション方式」の導入ケースがある（→(3)）。このため、現在、純粋に公営ガス事業として公営企業の経営管理下にある自治体は 21 に過ぎない（指定都市営 1 事業、市営 14 事業、町村営 6 事業）**。

(2) 具体的課題①──公営企業存続のケース

　公営企業によるガス事業経営の事業者が年々減少している理由は、これらは主に人口が小規模な市町村に存在していること、および「天然ガスの採掘地域や天然ガスパイプラインの通過地域にそのほとんどが集中して」おり***、その供給区域は利用規模がこれ以上拡大しない地域であるからである。このため、例えば、都市ガスへの転換期に借入金が拡大しその債務が依然として支払われていない場合、あるいは施設の老朽化に伴う維

*総務省自治財政局編・年鑑111頁参照。

**この中には、「コンセッション方式」を採用する大津市も含まれる。総務省自治財政局編・年鑑128−129頁参照。

***総務省自治財政局編・年鑑128頁参照。

持管理に多額のコストが見込まれる場合など、**利用者からの収益が十分でない事業として経営改善が期待される。**

　また、公営企業形態で事業を維持する場合であっても、総務省自治財政局からは、「中長期的な経営の基本計画である『経営戦略』の改定、業績評価の実施、積極的な情報開示に取り組み、企業職員の給与・定員管理について引き続き適正化に努め、更なる経営健全化に積極的に取り組む必要がある」と指摘され*、組織内の経営改善に向けた努力を迫られる一方、例えば、区域の広域化、その他、利用料に応じた施設の在り方の見直し（例、LNG 受入施設等の合理化など）等の施策が求められることになろう。

＊総務省自治財政局編・年鑑126頁参照。

(3)　具体的課題②──事業譲渡のケース

　そこで、民間企業の経営手法を導入する具体的方法として、公営ガス事業の場合は、事業そのものが譲渡される（本来の意味での「民営化」）ケースが多数を占める（コンセッション方式は→(4)）。この譲渡方式を検討することが自治体における具体的課題となる。

　その場合、次のコンセッション方式との比較衡量が必要となるが、公営企業の存在が喪失する以上、従前の借入金返済等に伴う譲渡タイミングなど、当該自治体にとってメリットの有無を適切に判断することが求められよう。

(4)　具体的課題③──コンセッション方式のケース

　公営企業におけるコンセッション方式は、上水道事業において論じられることが多いが、公営ガス事業においても導入されるケースがある。例えば大津市の場合、びわ湖ブルーエナジーが大阪ガスの製造する都市ガスを小売販売する形態をとる場合がその例である。

　具体的には、都市ガスの調達、小売料金の設定、都市ガスの販売・営業、小売事業者に係る需要家保安業務（消費機器調査および安全使用周知）ならびに料金収納・窓口業務について PFI 法 7 条に基づき「特定事業」として選定しているなど、同法における「公共施設等運営事業」とされている**。

　このような「コンセッション方式」は、施設所有・運営権そのものは依然として自治体が保有する形となるものだが、事業譲渡の場合と同様、少なくとも公営企業の経営形態が喪失することに伴うメリットの有無を適切に判断することが、求められる。

（友岡史仁）

＊＊大津市企業局「大津市ガス特定運営事業等 特定事業の選定」（平成30年3月26日）1頁以下（https://www.city.otsu.lg.jp/material/files/group/12/

第20章　港湾整備・宅地造成

地方公営企業法の一部を適用する事業の中に、港湾整備事業と宅地造成事業とが含まれている。ここでは両事業を経理する東京都の「港湾事業会計」と「臨海地域開発事業会計」について、その現状を紹介する。

1　港湾事業会計

　東京都では、**外国貿易及び内国貿易の公共ふ頭において、荷役作業の効率的な運営を図るために設置された起重機などの港湾荷役機械や海上輸送貨物を一時保管又は荷さばきするために設置された上屋・野積場等、荷役業務に必要な港湾施設を整備し、港湾施設利用者の使用に供する事業を**行っている。この事業を経理するため、「港湾事業会計」を設置している。

　港湾事業会計の沿革は、港湾管理者の行う事業のうち、比較的収益性の高い荷役機械や上屋等の事業を経理するため、昭和39年度に東京都港湾事業会計条例を定め、いわゆる官公庁会計方式により経理する特別会計として発足した。その後35年が経過し、**輸送革新の進展など港湾事業を取り巻く環境が大きく変化するとともに、国際競争の激化により、一層効率的な事業運営が求められるようになった。こうした情勢変化に対応するため、平成12年度から港湾事業について地方公営企業法の財務規定等が適用される事業とし、企業会計方式により経理することとなったものである。**

　事業に要する費用の財源は、**港湾施設利用者からの使用料や企業債等と**なっている。

　港湾事業会計では港湾管理者が行う事業のうち、「東京都地方公営企業の設置等に関する条例」において規定されている**荷役機械、上屋及び貯木場を使用させる事業並びにそれらに関連する事業を経理しており、**その他の係留施設等は一般会計において経理している。このように**港湾施設のうち、一部の施設を対象として経理しているのが港湾事業会計の特徴と言える。**

　当該会計における営業収益の主なものは港湾施設利用者からの使用料であり、営業費用の主なものは港湾施設の維持管理に関する費用及び減価償

却費である。また、当該会計の収支について近年の傾向としては、**営業収益は毎年 40 億円程度を計上しており、純利益はおよそ 10 億円から 15 億円程度で推移している。令和 4 年度の未処分利益剰余金は 215 億円程度**となっており、**令和 4 年度をもって企業債を完済している。**

　今後も東京港の機能強化に向けて、港湾施設利用者のニーズに的確に応え、港湾事業会計を活用し着実に施設整備を進め、既存ふ頭の再編・高度化等を推進するために、堅実な事業運営を行っていく。

2　臨海地域開発事業会計

　東京都では、**東京港港湾区域及びこれに隣接する地域において、都民生活を支える物流や魅力ある東京臨海部のまちづくりに資することを目的として、埋立地の造成、整備及び開発を行っている。**この事業を経理するため、「臨海地域開発事業会計」を設置している。

　臨海地域開発事業会計の沿革としては、昭和 39 年度に地方公営企業法の一部改正により、同法の財務規定の一部が適用されることとなったため「埋立事業会計」が設置された。昭和 57 年度に羽田空港の沖合移転のための埋立造成事業の独立採算性の確保と経費の負担区分の明確化を図るため「羽田沖埋立事業会計」が設置された。平成元年度に臨海部副都心開発基本計画に基づき事業の独立採算性の確保と経費の負担区分の明確化を図るため、「臨海副都心開発事業会計」が設置された。

　平成 13 年度に**東京臨海地域全体を総合的・一体的に整備し、開発することを目的として「臨海副都心開発事業会計」及び「羽田沖埋立事業会計」を「埋立事業会計」に統合し、「臨海地域開発事業会計」が設置された**ものである。当該会計は**地方公営企業法の財務規定の一部が適用される宅地造成事業**として経理している。

　事業に要する費用の**財源は、造成埋立地の処分代金、貸付料、企業債等**となっている。

　それまで埋立事業会計、臨海副都心開発事業会計及び羽田沖埋立事業会計の 3 会計で所管していた事業を臨海地域開発事業会計で経理し、その他の広域的な基盤整備等を一般会計等で経理している。

　当該会計における営業収益の主なものは造成した土地の処分収益や賃料収益であり、営業費用の主なものは土地の処分原価や維持管理に関する費

　用である。また、当該会計の収支について近年の傾向としては、土地の貸付による収益は 100 億円程度で推移している。土地の処分収益については、10 億円程度の年度もあれば、400 億円近い年度もあり、処分収益の変動が会計の損益へ大きな影響を与えている。令和 4 年度の未処分利益剰余金は 1,386 億円程度となっている。令和 6 年度には企業債約 975 億円の償還を予定しており、これをもって全ての企業債を償還することになる。

　今後も新規のインフラ整備や既存インフラの大規模改修などの資金需要に対応するとともに、造成地の開発・処分を着実に進めることで、東京臨海部の魅力あるまちづくりを推進するため、堅実な事業運営を行っていく。

（渡邊　徹）

事 項 索 引

あ 行

アセットマネジメント……………………81
圧縮記帳………………………………67
一般競争入札…………………………53
雨水公費・汚水私費の原則…………110
公の営造物……………………………100

か 行

会計職員等……………………………42
会計の原則……………………………25
株式会社…………………………………6
環境対策………………………………118
官公庁会計……………………………65
官製談合………………………………55
官民連携………………………………105
管理者……………10, 12, 15, 23, 93
管理の受委託…………………………116
企業債………………74, 124, 125, 126
企業債明細書…………………………71
企業職員………………………………18
企業性…………………………………74
規制緩和………………………………114
基本合意………………………………54
キャッシュ・フロー計算書………………71
求償権…………………………………99
給　与…………………………………96
供給に要する費用……………49, 50, 52
勤務条件………………………………95
繰入れ…………………………………40
経営健全化基準………………………33
経営健全化計画………………………29, 33
経営健全化団体………………………33
経営の基本原則………………………15
経済性……………8, 9, 11, 62, 74
　　──の原則………………………39
経費の負担の原則……………………74
決　算…………………………………70
決算書類……………………70, 71, 79

決算附属書類…………………………70
決算報告書……………………………70
減価償却………………………………66
現金主義………………………66, 71, 76
　　──と発生主義の違い……………66
健全化判断比率………………………29, 30
　　──の公表………………………29
広域化…………………………………105
公営ガス事業…………………………122
公営企業会計…………………………64
　　──と官公庁会計の相違点………67
　　──と民間企業会計の相違点……67
公営企業職員…………………………94
公営企業繰出金………………………74
公営企業繰出金通知…………………74
公営企業と地方議会の関係…………71
公営企業と地方公共団体の関係……10
公営企業の経営の健全化……………32
公営電気事業…………………………121
公共性……………………………8, 9, 11
公共調達制度…………………………53
公共の福祉の推進……………………74
公共負担………………………………115
公権力の行使…………………………99
公正かつ自由な競争…………………47
公正な競争秩序………………………48, 52
公正な競争を阻害するおそれ………47
高度経済成長期………………………86
公務員賠償責任保険制度……………46
港湾整備事業…………………………124
固定資産明細書………………………71
個別原価主義…………………………111
個別合意………………………………54
コミュニティバス………………………115
コンセッション方式…………7, 108, 123

さ 行

歳出規制………………………………89
最少経費最大効果原則………………9, 62

財政健全化計画⋯⋯⋯⋯⋯⋯ 29, 30, 31
財政健全化団体⋯⋯⋯⋯⋯⋯ 30, 31
財政健全化法⋯⋯⋯⋯⋯ 5, 28, 29
財政再生計画⋯⋯⋯⋯⋯ 29, 31, 32
財政再生団体⋯⋯⋯⋯⋯⋯ 31, 32
更新需要見通し⋯⋯⋯⋯⋯⋯⋯83
財政収支見通し⋯⋯⋯⋯⋯⋯⋯82
財政の健全化判断比率⋯⋯⋯⋯29
再生判断比率⋯⋯⋯⋯⋯⋯⋯⋯31
再生振替特例債⋯⋯⋯⋯⋯⋯⋯32
財務会計⋯⋯⋯⋯⋯⋯⋯⋯⋯⋯25
財務会計行為⋯⋯⋯⋯⋯⋯⋯⋯36
財務諸表⋯⋯⋯⋯⋯⋯⋯⋯ 26, 71
債務不履行⋯⋯⋯⋯⋯⋯⋯⋯100
３条予算⋯⋯⋯⋯⋯⋯⋯⋯ 70, 71
事業者⋯⋯⋯⋯⋯⋯⋯⋯⋯⋯⋯48
事業譲渡⋯⋯⋯⋯⋯⋯⋯⋯⋯123
事業報告書⋯⋯⋯⋯⋯⋯⋯⋯⋯71
事業量の平準化⋯⋯⋯⋯⋯⋯⋯86
資金不足比率⋯⋯⋯⋯⋯⋯ 32, 33
　——の公表⋯⋯⋯⋯⋯⋯⋯⋯32
施設の耐用年数⋯⋯⋯⋯⋯⋯⋯84
施設の長寿命化⋯⋯⋯⋯⋯⋯⋯87
資本的収支⋯⋯⋯⋯⋯⋯⋯ 60, 77
資本的収支予算⋯⋯⋯⋯⋯ 70, 71
資本的収入および支出予算⋯⋯70
指名競争入札⋯⋯⋯⋯⋯⋯⋯⋯53
弱者救済型⋯⋯⋯⋯⋯⋯⋯⋯106
収益事業⋯⋯⋯⋯⋯⋯⋯⋯⋯⋯ 9
収益的収支⋯⋯⋯⋯⋯⋯⋯ 60, 77
収益的収支予算⋯⋯⋯⋯⋯ 70, 71
収益的収入および支出予算⋯⋯70
収益費用明細書⋯⋯⋯⋯⋯⋯⋯71
重過失⋯⋯⋯⋯⋯⋯⋯⋯⋯ 44, 99
住民監査請求⋯⋯⋯⋯⋯⋯⋯⋯35
住民訴訟⋯⋯⋯⋯⋯⋯⋯⋯⋯⋯37
住民の福祉の増進⋯⋯⋯ 9, 10, 11
出　資⋯⋯⋯⋯⋯⋯⋯⋯⋯⋯⋯74
証書類⋯⋯⋯⋯⋯⋯⋯⋯⋯⋯⋯71
剰余金計算書または欠損金計算書⋯⋯70
剰余金処分計算書または欠損金処理計算書
　⋯⋯⋯⋯⋯⋯⋯⋯⋯⋯⋯⋯⋯70

垂直統合型⋯⋯⋯⋯⋯⋯⋯⋯106
水平統合型⋯⋯⋯⋯⋯⋯⋯⋯106
総括原価主義⋯⋯⋯⋯⋯⋯⋯111
組織的独立性⋯⋯⋯⋯⋯⋯⋯⋯38
損益計算書⋯⋯⋯⋯⋯⋯ 61, 70, 71

た　行

第三者委託⋯⋯⋯⋯⋯⋯⋯⋯108
貸借対照表⋯⋯⋯⋯⋯⋯ 61, 70, 71
宅地造成事業⋯⋯⋯⋯⋯ 124, 125
談　合⋯⋯⋯⋯⋯⋯⋯⋯⋯⋯⋯54
単式簿記⋯⋯⋯⋯⋯⋯ 67, 71, 76
弾力条項⋯⋯⋯⋯⋯⋯⋯⋯⋯⋯90
地方議会⋯⋯⋯⋯⋯⋯⋯⋯⋯⋯72
地方公営企業等の労働関係に関する法律
　⋯⋯⋯⋯⋯⋯⋯⋯⋯ 11, 13, 95
地方公営企業の予算⋯⋯⋯⋯⋯11
地方公営企業法⋯⋯⋯⋯⋯ 3, 21
地方公共団体⋯⋯⋯⋯⋯⋯⋯⋯10
　——の財政の健全化に関する法律⋯⋯28
　——の長⋯⋯⋯⋯⋯⋯⋯⋯⋯18
地方公務員法⋯⋯⋯⋯⋯⋯⋯⋯93
地方債の起債制限⋯⋯⋯⋯⋯⋯31
地方自治法⋯⋯⋯⋯⋯⋯⋯⋯⋯ 5
超過支出⋯⋯⋯⋯⋯⋯⋯⋯⋯⋯90
長期の貸付け⋯⋯⋯⋯⋯⋯⋯⋯74
DBO⋯⋯⋯⋯⋯⋯⋯⋯⋯⋯⋯108
電気・ガス事業⋯⋯⋯⋯⋯⋯120
当然適用（財務規定等適用）⋯⋯13
当然適用（全部適用）⋯⋯⋯⋯13
道路運送法⋯⋯⋯⋯⋯⋯⋯⋯114
特別会計⋯⋯⋯⋯⋯⋯⋯⋯⋯⋯64
　——の設置⋯⋯⋯⋯⋯⋯⋯⋯64
独立採算制⋯⋯⋯⋯⋯⋯ 5, 22, 74
　——の原則⋯⋯⋯⋯⋯ 59, 62, 63
　——の原則からの乖離⋯⋯⋯⋯72

な　行

内部統制⋯⋯⋯⋯⋯⋯⋯⋯⋯⋯19
内部補助⋯⋯⋯⋯⋯⋯⋯⋯⋯116
西宮斑状歯訴訟⋯⋯⋯⋯⋯⋯101
入　札⋯⋯⋯⋯⋯⋯⋯⋯⋯⋯⋯53

入札談合‥‥‥‥‥‥‥‥‥‥‥‥‥‥54
入札談合等関与行為防止法‥‥‥‥‥‥56
任意適用‥‥‥‥‥‥‥‥‥‥‥‥‥‥13

は 行

賠償責任の免除‥‥‥‥‥‥‥‥‥‥‥45
発生主義‥‥‥‥‥‥‥ 6, 60, 65, 66, 71, 76
バリアフリー‥‥‥‥‥‥‥‥‥‥ 118
病院事業‥‥‥‥‥‥‥‥‥‥‥ 13, 14
複式簿記‥‥‥‥‥‥‥ 6, 66, 67, 71, 76
不当な取引制限‥‥‥‥‥‥‥‥‥‥54
不当廉売‥‥‥‥‥‥‥‥‥ 49, 50, 52
不法行為‥‥‥‥‥‥‥‥‥‥‥‥‥42
不利益処分‥‥‥‥‥‥‥‥‥‥‥‥97
法適用企業‥‥‥‥‥‥‥‥‥‥‥‥12
法適用事業‥‥‥‥‥‥‥‥‥‥‥‥14
法非適用企業‥‥‥‥‥‥‥‥‥‥‥12
法非適用事業‥‥‥‥‥‥‥‥‥‥‥14
補　助‥‥‥‥‥‥‥‥‥‥‥‥‥‥74
補助金‥‥‥‥‥‥‥‥‥‥ 41, 50, 51
補助組織‥‥‥‥‥‥‥‥‥‥‥‥‥18

ま 行

未処分利益剰余金‥‥‥‥‥‥‥ 125, 126
身分取扱い‥‥‥‥‥‥‥‥‥‥‥‥94
身分保障‥‥‥‥‥‥‥‥‥‥‥‥‥93
宮古島市水道事業給水条例事件‥‥‥ 101
民間企業‥‥‥‥‥‥‥‥‥‥‥‥ 9

や 行

予　算‥‥‥‥‥‥‥‥‥‥‥‥‥‥69
　──の繰越‥‥‥‥‥‥‥‥‥‥‥90
　──の弾力的執行‥‥‥‥‥‥‥‥69
　──の調製権者‥‥‥‥‥‥‥‥‥91
予算執行職員等‥‥‥‥‥‥‥‥‥‥42
予防保全型管理‥‥‥‥‥‥‥‥‥‥87
4条予算‥‥‥‥‥‥‥‥‥‥‥ 70, 71

ら 行

流域下水道‥‥‥‥‥‥‥‥‥‥‥ 112
料　金‥‥‥‥‥‥‥‥‥‥‥‥‥‥27
老朽化‥‥‥‥‥‥‥‥‥‥‥‥‥‥81
労働組合法‥‥‥‥‥‥‥‥‥‥‥‥95
路線の改廃‥‥‥‥‥‥‥‥‥‥‥ 117

執筆者一覧 (五十音順)

赤木　敦　（あかぎ　あつし）　東京都水道局総務部総務課課長代理（(公社)日本水道協会派遣）
　　［第10章・第11章・第13章］

秋元　康子　（あきもと　やすこ）　東京都水道局総務部総務課長
　　［第8章］

新井　啓史　（あらい　けいじ）　東京都水道局職員部労務課統括課長代理（福利担当）
　　［第16章］

和泉田　保一　（いずみだ　やすいち）　山形大学教授
　　［第4章・第14章］

馬野　仁史　（うまの　ひとし）　東京都水道局総務部施設計画課課長代理（計画調査担当）
　　［第12章］

織田　亨　（おだ　とおる）　東京都下水道局流域下水道本部管理部管理課長
　　［第17章］

小林　由幸　（こばやし　よしゆき）　東京都交通局自動車部バス事業企画専門課長
　　［第18章］

近藤　卓也　（こんどう　たくや）　北九州市立大学准教授
　　［第5章・第15章］

佐々木　康隆　（ささき　やすたか）　東京都政策企画局プロジェクト推進担当部長（構造改革担当部長・スタートアップ・国際金融都市戦略室スタートアップ戦略推進担当部長・デジタルサービス局デジタル改革担当部長兼務）
　　［第20章］

柴田　潤子　（しばた　じゅんこ）　神戸大学教授
　　［第7章］

須藤　高志　（すどう　たかし）　東京都水道局総務部施設計画課課長代理（施設計画担当）
　　［第12章］

田尾　亮介　（たお　りょうすけ）　東京都立大学教授
　　［序章②・第3章・第9章］

友岡　史仁*　（ともおか　ふみと）　日本大学教授
　　［序章①・第2章・第19章］

中島　美砂子　（なかじま　みさこ）　弁護士・公認会計士
　　［第1章］

山本　裕子　（やまもと　ひろこ）　大東文化大学教授
　　［第6章］

若田　瑞穂　（わかた　みずほ）　東京都交通局自動車部計画課長
　　［第18章］

渡邊　徹　（わたなべ　とおる）　東京都港湾局総務部企画計理課課長代理（計理第二担当）
　　［第20章］

＊編者

執筆者肩書は2024年4月1日現在

130

〈編著者紹介〉

友岡 史仁（ともおか・ふみと）

日本大学法学部教授

1997年慶應義塾大学法学部法律学科卒業，1999年同大学院法学研究科博士前期課程修了，2003年同大学院法学研究科博士後期課程単位取得退学。日本大学法学部専任講師，助教授・准教授を経て，2013年に同教授。現在，川崎市情報公開・個人情報保護審査会副会長，東京都情報公開審査会委員，同個人情報保護審査会委員，神奈川県情報公開・個人情報保護審議会委員等歴任

〈主著〉『公益事業と競争法』（晃陽書房，2009年），『ネットワーク産業の規制とその法理』（三和書籍，2012年），『要説経済行政法』（弘文堂，2015年），『経済行政法の実践的研究』（信山社，2022年），『行政情報法制の現代的構造』（信山社，2022年），『情報公開・個人情報保護―自治体審査実務編』（共編著，信山社，2022年），『基本争訟業務―自治体行政救済法（基礎）編』（信山社，2023年），『原子力法の構造と専門知制御』（信山社，2024年）ほか

行政LMS

Ⅳ

公営企業

◆自治体経営管理実務◆

2024（令和6）年5月30日　第1版第1刷発行
1194:P144　￥1600E　012-015-005

編著者　友 岡 史 仁
発行者　今井 貴・稲葉文子
発行所　株式会社 信山社
〒113-0033 東京都文京区本郷6-2-9-102
Tel 03-3818-1019　Fax 03-3818-0344
info@shinzansha.co.jp
笠間才木支店 〒309-1611 茨城県笠間市笠間515-3
Tel 0296-71-9081　Fax 0296-71-9082
笠間来栖支店 〒309-1625 茨城県笠間市来栖2345-1
Tel 0296-71-0215　Fax 0296-72-5410
出版契約2024-1194-8-01011　Printed in Japan

©友岡史仁，2024　組版：翼／印刷・製本：藤原印刷
ISBN978-4-7972-1194-8 C3332 分類323.904

行政 LMS 発刊に際して

　社会環境が劇的に変化する中で、価値観がいっそう多様化し、求められるニーズも常に変容している。個人はもちろん、組織において柔軟な思考が必要となるゆえんである。とりわけ 2020 年にはじまった世界的な新型コロナ・パンデミックは、人々の生活・行動に加速的変化をもたらし、社会的ニーズへの迅速な対応が一層必須と化している。それゆえ、私たちが法治国家の中で社会を形成する必要上、過去の制度や運用を果敢に見直し、変容するニーズにより実践的に対応することが、現在の法的需要として求められているといえよう。

　そこで、そのような現代的ニーズに応えるシリーズ企画として、信山社から機会をいただき、**法的知識を基にした組織マネジメント（管理運用）が求められる多様な場面を想定した意味を込めて**「リーガル・マネジメントシリーズ」（通称 LMS）を立案した。LMS では、例えば、ある種の分野に精通したスペシャリストの方々向けというよりは、役所・企業といった組織にあって、これから特定の分野に携わるかもしれない方、日々の業務において生ずる迷いを解くきっかけ、ないしはレファレンスを求めておられる方、時に教育機関においてそのような業務に携わることを志そうとする方（大学生、専門学校生）などを読者に想定している。そして、自ら携わる（かもしれない）業務を「法的知識」で「管理・運用」できるよう目指す方々に、少しでも痒い所に手が届く"孫の手"を差し伸べられることを目指そうとするものである。

　本企画を提案した編者（友岡）自身は、行政法・経済法を専攻とする大学教育に携わる一研究者である。これまで国・地方公共団体などの有識者会合への出席等を通じて実務との接点を持ってきた経験から、LMS の一つとして「行政LMS」というカテゴリーを提唱したが、対象となり得る潜在的分野は、社会の変容に直面し拡大していると思われる。本企画が数多の方々のご協力によって実現したのも、そうした幅広いニーズに応えられる企画の実現を目指した具体的な一つの段階であると、認識する次第である。

　　2022 年 8 月

友岡　史仁

友岡史仁　著

原子力法の構造と専門知制御

1に原子炉の安全性担保とその制御、2に放射性廃棄物の処分方法、これは、原子炉再稼働における必然的な原子力法の大きな2つの柱である。これらの基本的な専門知制御のあり方を、先端的技術（＝専門知）の構造と課題から多角的かつ具体的に解明する。原子力法の観点から次世代の原子力政策を問う、研究から実務まで広く有用の書。

行政情報法制の現代的構造

情報公開・個人情報保護・公文書管理の三法制の急速な接近・シームレス化など、その相関関係を具体的に考察。行政機関が保有・管理する情報を、海外（イギリス、アイルランド）の事例をまじえ、多角的に「独自の視点」から検証する。情報化時代における喫緊の課題に迫る渾身の書。

経済行政法の実践的研究

多様化、国際化する経済活動への過剰規制化等の行政介入のあり方と合理性、経済的自由権の保障や既得権益の保護等の今日的課題に迫る。具体例を交えた事例分析に重点を置きつつ、法的課題の整理と分析を試みた、「実践的」研究。伝統的な行政法理論から脱却し、新たな経済行政法を追究。

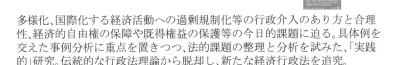

信山社

◆行政リーガル・マネジメント・シリーズ◆

Ⅰ 情報公開・個人情報保護 — 自治体審査実務編
　　友岡史仁 編著

Ⅱ 基本争訟法務 — 自治体行政救済法〈基礎〉編
　　友岡史仁 著

Ⅲ 公文書管理 — 自治体条例制定・文書管理保存実務
　　友岡史仁 編著

Ⅳ 公営企業—自治体経営管理実務
　　友岡史仁 編著

信山社